10-3

くらしの形見

10–4

くらしの形見

10−1

くらしの形見

10-2

くらしの形見

10−5

くらしの形見

10-6

くらしの形見

10-7

くらしの形見

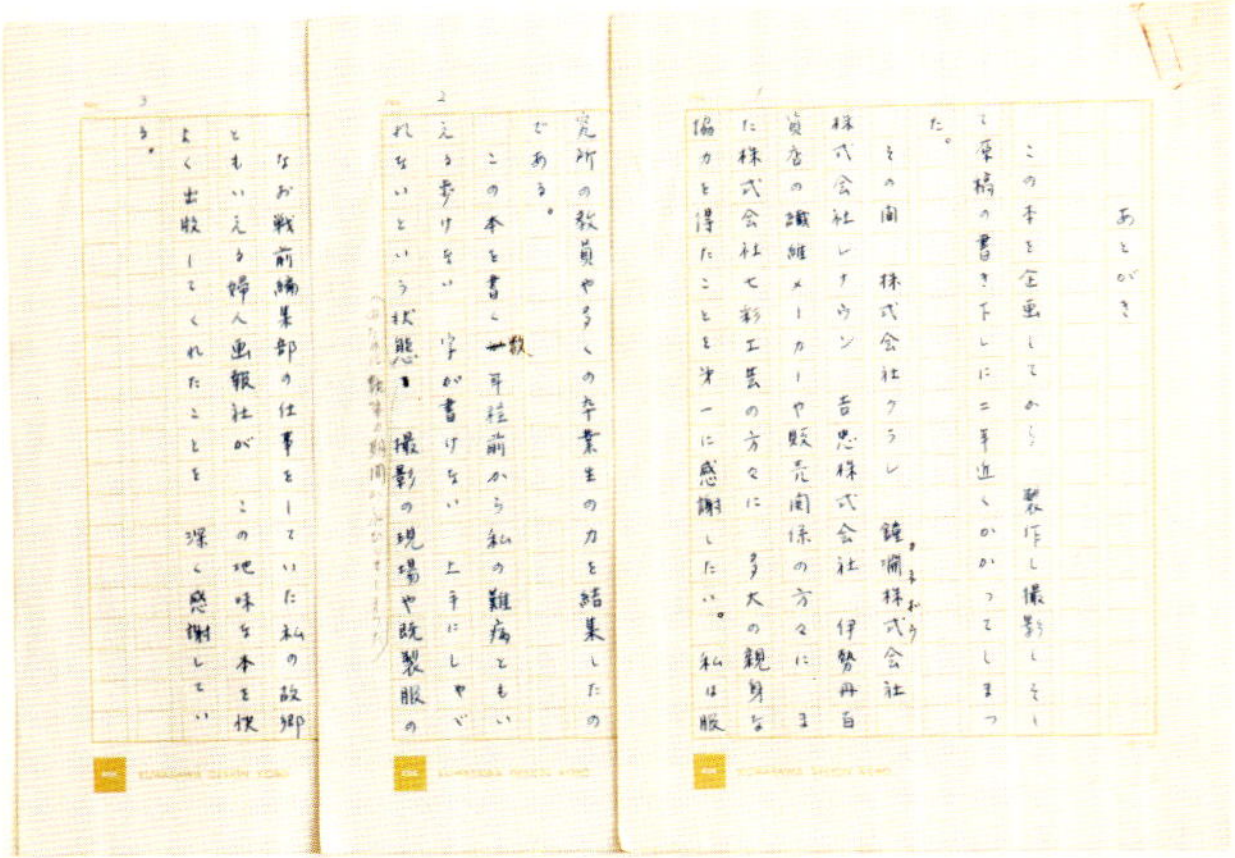
あとがき

この本を企画してから、製作し撮影してそして原稿の書き下しに二年近くかかってしまった。

その間、株式会社クラレ　鐘紡株式会社　株式会社レナウン　吉忠株式会社　伊勢丹百貨店の繊維メーカーや販売関係の方々にまた株式会社七彩工芸の方々に多大の親身な協力を得たことを第一に感謝したい。私は服

究所の教員や多くの卒業生の力を結集したのである。

この本を書く数年程前から私の難病ともいえる歩けない、字が書けない、上手にしゃべれないという状態、撮影の現場や既製服の

なお戦前編集部の仕事をしていた私の故郷ともいえる婦人画報社が、この地味な本を快よく出版してくれたことを深く感謝している。

10-8

くらしの形見

桑澤洋子

MUJI BOOKS

くらしの形見 ｜ #10 桑澤洋子

桑澤洋子がたいせつにした物には、
こんな逸話がありました。

10−1 ｜ **編集者時代のワンピース**
「婦人画報」の編集者時代に自らデザインしたもの。アンゴラ・ウール入りで暖かく、スリムな身体を豊かに見せると好評でした。

10−2 ｜ **革のトレイ**
自宅の机の上で、よく使う筆記用具を入れたり、机の引き出しの中で小物の整理に活用したり、長く使い続けた一品。

10−3 ｜ **和を取り入れてデザインした洋服**
オレンジ色の格子柄の生地で縫製したコート。キモノの要素を取り入れたと思われる襟まわりと前合わせのデザイン。

10−4 ｜ **腕時計**
シチズンの高級ライン「AmiE」の18ゴールド。性能がよくて、丈夫で、厭きのこない、オーソドックスなものが好きでした。

10−5 ｜ **立体のデザイン**
つねに「動くからだ」を大事にして指導。左半身に縦線と横線を描き、トルソーに着せて「かたちの変化」を見せました。

10−6 ｜ **絵具の木箱**
画家を目指して通っていた女子美術学校時代に使用した油絵具と木箱。月島や築地の野外風景が好きで、よく写生に出かけました。

10−7 ｜ **水彩のスケッチ**
美しいバラの花より、素朴な野性の花を好んでいつも描いていました。晩年、入院先の病室で描いた静物画です。

10−8 ｜ **手書きの原稿**
姉の君子が「洋ちゃんが命をかけた本」と評した『桑沢洋子の服飾デザイン』のあとがき生原稿。本の完成を見ずに旅立ちました。

撮影 ｜ 永禮 賢

目次

YOKO 0

図版番号は、一五四ページの「逆引き図像解説」をご参照ください。

桑澤洋子の言葉

なんとかして、
日常着の大きな部分を占めている家庭着を
もっと合理的に美しくしたいと思った。

「既製服、作業衣の製作」一九五七年

いままで考えられた習慣、
惰性から一度脱けきることではないだろうか。

「新しい形」一九五七年

女は弱いものである、
ということではなく、
女も男も同等に、
正しく生きるということを、
深く母が教えてくれたのである。

「寅年の母」一九五七年

YOKO 1

新しい生活様式、
抽象的すぎる芸術とはちがった生活のための造形、
人間をより高度に合理的に生かしてゆく生活様式、
その中の一端の仕事でもよいから
私のできる仕事はないだろうか。

「バウハウスの教育の刺激」一九五七年

ラ・メール、私が絵の学校を卒業した当時、
芸大のある青年が私につけたくれたあだ名である。
〃ラ・メール、あなたの目の色は海のように青い。〃
私はその言葉を忘れない。

「ラ・メール」一九六六年

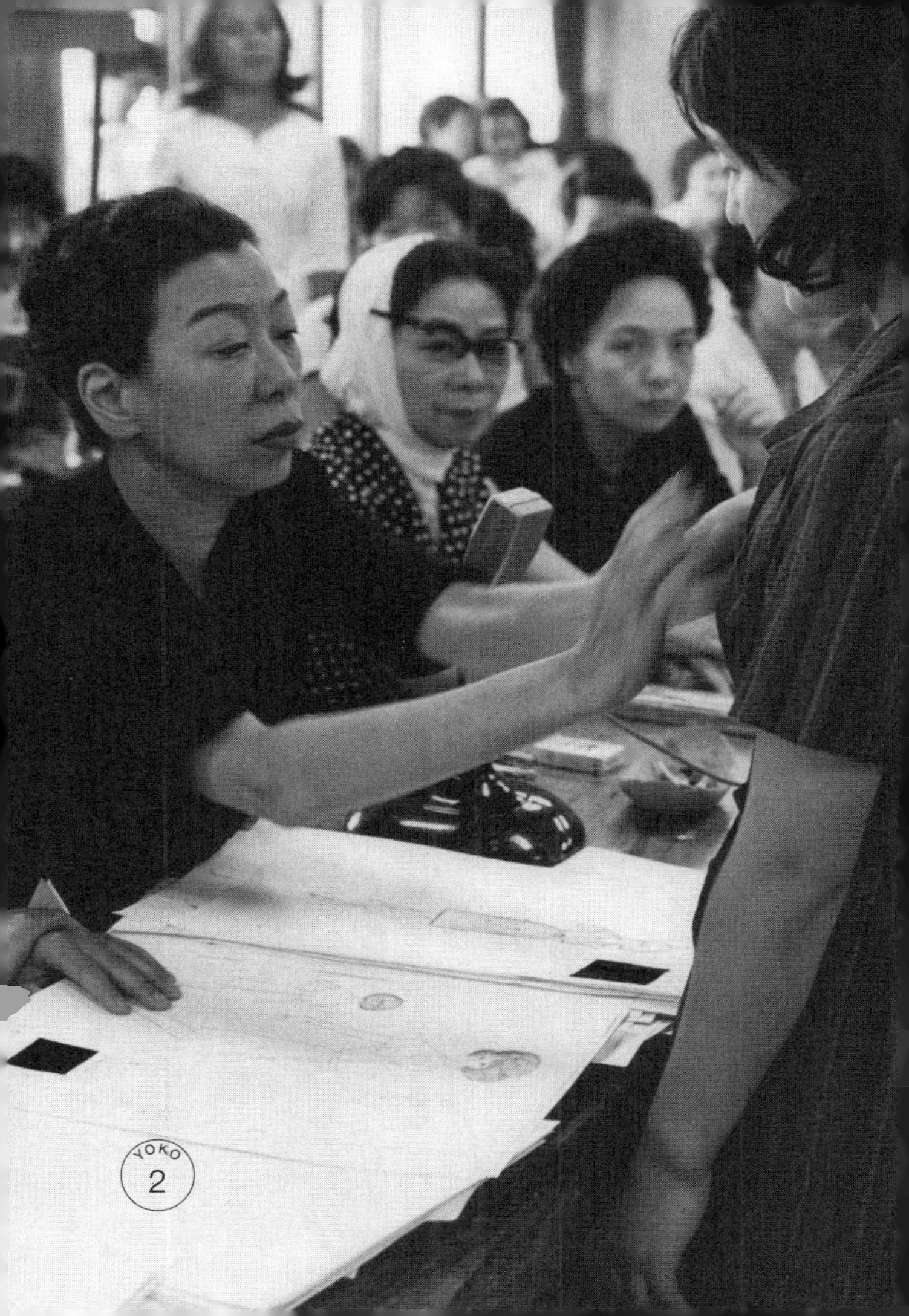
YOKO
2

昨年着た秋のワードローブを点検して、
去年着たスーツやアンサンブルに、
どんなセーターや小物をつけ加えれば、
どんな風に新しい表情が生れるか。
いろいろと計画を立てるのが
シーズンはじめの私のたのしみの一つである。

「表情を変えるたのしさ」 一九七四年

私はかねがね、
日本人が敗戦国の貧乏な生活の中で、
センスがいいとか、
よいものが好きだといって、
海外のものといえば有難がる傾向を
困ったものだと思っていた。

「機屋訪問」一九五七年

Skrip
Skrip

YOKO
3

本当に必要なものは、
奇矯《ききょう》な流行に支配されない堅実なもの、
予算も生活費の限度を超えないところで、
求められている。
大衆の健全な知性といったようなものを
信頼できるような気もしてきた。

「戦後日本の風俗」一九五七年

私はたいへんうれしかった。
ここ数十年らい、
夢にも出てくる工場着の製作、
しかも正々堂々とデザイン料の請求ができたのである。

「既製服、作業衣の製作」一九五七年

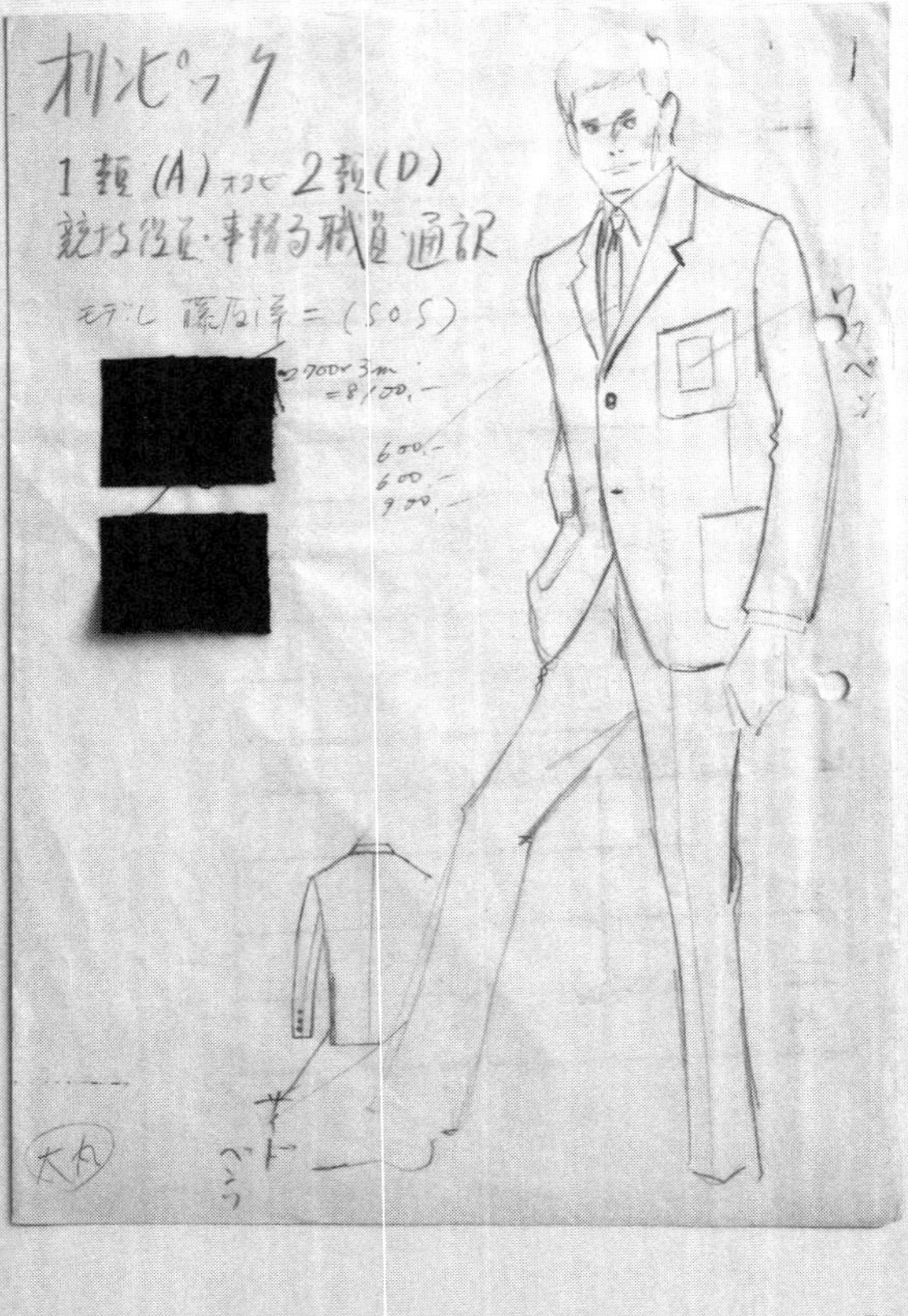
オリンピック
1類(A) 及び 2類(D)
競技役員・事務局職員・通訳
2700×3m
=8,100.-
600.-
600.-
900.-
ワッペン
サイドベンツ
大丸

YOKO
5

私は、外の遊戯、縄跳びとか、デッドボールとか、陣とりとか、
馬飛びとか、マラソンにいたるまで、
大げさに言えば、
すべて選手に近い腕をもっていた。
好きでもあった。
そして近所では、女のがき大将だった。
このがき大将は無口だが、
近所のボス的存在だった男のがき大将が
大見得をきって弱いもののいじめをする時などは、
正義感を出してたたかった。

「大正のデザイナー・姉」一九五七年

消費者は、新製品——新しい見かけのスタイルが
どんどん変わることを望んでいるのではなく、
ほんとうは、性能がよくて、丈夫で、
長く使いこなせるような、
生活に密着したオーソドックスなものを
望んでいるのではないでしょうか。

「工業デザインにのぞむこと」一九六五年

おそらく当分の間、
ろくな家具もない空間の中で、
ここをああ変えたい
この間仕切りをぶちぬきたい
などと構想を楽しんでねりながら、
これからも暮らしてゆくことであろう。

「変えたいという心理」一九七〇年

消費者の生活からにじみ出てくる要求や感覚は、
かたちにならない抽象的なものですが、
それをより深く研究して
具体的に商品にしてゆくための積極的な勉強が、
私たちデザイナーに課せられていると思います。

「流行するということ」一九六六年

YOKO
6

絵とは正反対ではあるが算数が大変すきだった。
専門学校へ入ってからは、
ものを造形的に表現してゆく実習と、
用器画の科目を四年間興味深く修得したことが、
現在の私の道である服飾デザインの道と
造形教育の道に大きなプラスになった。

「素直にひたむきに」　一九六六年

ファッションを変えるのは、
私たちの欲求が変えるのであって、
ファッションが私たちを変えるのではない。

「えらぶ目と着る責任」一九七〇年

YOKO
7

デザインの世界に入るまで

女子美術の学生時代の私のあだ名は、「揚貴妃」だった。それはラジオ巻――長い髪を真二つに別けて、古いラジオのレシーバーのように耳の上に巻いた髪型――に紺のきもの、袴に白足袋という装いで通学していたところからつけられたものであった。

昭和七年三月卒業と同時に、私はばっさりと断髪にして洋装になった。

その動機は、女流画家の志望を断ち切って、何か方向を変えてがむしゃらに働こうと思ったからである。こうした決心をさせたのは、画家としての才能が果してあるかどうかというきびしい反省によるものではあるが、もう一つ画家よりも何か自分にふさわしい別の仕事があるのではないかと思ったからである。さらにもう一つの直接の原因は、現実の生活問題であった。

その当時の私の家庭は、姉妹六人のうち結婚した長女のほか、五人姉妹を残

YOKO
8

して去った亡き両親のあと、男まさりの次女と銀行勤めの四女の収入だけで生活費がまかなわれていた。そんな状態の中で、五女の私と末っ子の妹は、次女の進歩的な考えによって「これからの女は、腕に職をつけなければならない、お前たちは好きな道を選んで勉強しなさい」ということで、私は油絵の道、妹はヴァイオリンの道をえらび、それぞれ四年制の専門学校へ入学させてもらった。二人の学校は、学費の他に、絵具だ、楽器だと、大変なお金がかかる勉強であった。にもかかわらずそうした苦しい生活の中で四年間も勉強させてもらったという姉たちへの感謝と働かなければという気持が、絵の道を捨てる直接の動機であったといえよう。

私は、なにがなんでも自分で食べてゆこうという気持から、知人の紹介で、神田のある小さい喫茶店の女店員として勤めることにした。二食つき二十円の報酬——その当時、大学卒の初任給四、五十円——という点にも魅力があったが、もう一つの魅力は、コーヒーで定評のある可愛い小さい店で、経営者が新劇の役者であり、進歩的で趣味がよくて、お客も質のよい学生だったことによる。

私は、この喫茶店の仕事だけでは満足できないで、もっと有意義な仕事をしたいと思った。そこで、ある美術関係の出版部から、古美術の写眞をペンでコピーする内職をもらった。五糎四方ぐらいの大きさにペンで精密にかく仕事で一枚が一円ということであった。喫茶店の勤務が午前十一時から夜の十時までなので、私は帰宅後すぐペンをもって翌朝の六時まで、一睡もしないで五枚から六枚のコピーを仕上げた。そのため、私の睡眠時間はたった三時間という状態が続いた。しかし私は、なにかいきいきとしていた。店ではよいコーヒーの香りの中でいそいそと働いた。その頃の装いは、白いレース編の衿のついた手づくりの紺サージのワンピースに、刈りあげの断髪という、清楚そのもののスタイルだった。

客の中に、呼びかけるような温かい眼差しの好ましい学生がいた。いつも一人で静かにコーヒーをのんでいた。どうも神田界隈の大学生ではなく、遠くから来るようにみうけられた。たびたび来るうちに、ある日、彼は、私にこういった。「あなたはラ・メールのようだ」はじめ、私には何を意味するのかわからなかったが、再び彼が、「あなたの眼の色は素晴しく青く澄んでいて、まるで海のようだ」といったことでよくわかった。

日頃自分の容貌にはあまり頓着しない私である。その私のことを、こんな素晴しい言葉で、しかも好ましい男性からいわれたのだから、私はとまどった。と同時に、それは私の容貌からくることでなく、自活しているという、いきいきとした気持で働いている私の眼を、彼が見てとったのだと思ったし、彼が普通の学生とちがった感覚の鋭さをもっているのを感じた。そして彼はなにか美術方面の学生ではないかと思った。私がそのことをたずねると、彼は上野の美術学校（現在の芸大）の彫刻科の学生であると答えてくれた。その頃の美学生は女の断髪とは反対に長髪が流行していて、いかにも芸術家でございといわんばかりの崩れた風彩の学生が多かった。だから、いつもきちんと学生服を着てちっとも芸術家ぶったところのない彼が美学生であることは、美学生を見馴れた私にもわからなかった。〝ラ・メール〟私は彼から素敵なあだ名をもらってうれしかった。海は、私のあこがれだったからだ。私の性格は子供の頃から外好きで、学校から帰るとカバンを家にほうり込んで外に飛び出し、縄飛びをしたり、神田川の川向うまで遠征して遊んだおてんば娘であった。また体操が大好きで、運動会では短距離で一、二を競う選手だったし、夏休みには、海や川の水泳場に通って水泳を習って、五年生のときには日本水泳大会に出場したりした。

海が好きだといっても、神田のまん中のラシャ問屋の街の中で生れて育った私だから、子供の頃いった海といえば、せいぜい月島や大森海岸、川でいえば荒川放水路などに泳ぎにいったぐらいである。女子美時代でも茅ケ崎の海岸や鎌倉、逗子、内房州に絵を描きにでかけたり、泳ぎにいったぐらいで、ながくて一と月を外房州で過した経験しかなかったのだが、いわば、大自然を知らない都会っ子の私にとっては、大きくて抱擁力のある海は、一つのあこがれでもあった。だから夏が待ちどうしかったし、何かあったとき、苦しいときに、海を思い浮べることによって救われるような気持がしたものである。ラ・メール、というあだ名は、私の気持を本当に知ってのことか……と感激した。

女子美の学生時代に、自然に接して絵を描くよろこびを知ったことは、私にとって大きなプラスとなったことは事実だが、私の場合いつでもそうだが、海や川や樹木の自然の風景を、単に美しく表現しようとすることではなかった。私は、理屈でなくごく自然な形で、自然と人間との関係をつかもうとしたり、ダイナミックな人間の姿に魅了されるのである。海に行ったとき、波や岩などの美しさを描くより、漁船のたまりや貨物船の波止場、魚市場や浜で働く人たちに魅了された。だから築地の渡し場や月島の工場地帯や三浦三崎や品川・横浜の船つき場へは、よく絵具箱をもって歩いた。静物画を描く場合でも、美しいリンゴやバラの花より、あざみや野性の百合が好きだったし、茄子や蕪やカボチャなどの野菜や魚を描く方が好きだった。人物でいえば、美しく着飾った女より、藍色のトックリセーターを着た男を描きたかった。

考えてみれば、私の性格の中には、素朴というか、ありのままの人間の姿を知りたい、都会の中の人間、自然と都会とのつながり、そして人とのつながり

YOKO
9

はどうなっているか知りたい、というところがあり、読書にふけったり、静かに考えたりするよりも、直接生活的なものにぶつかって、そこから考えてゆきたいというような思想の持主だったと思うのである。

小さい喫茶店の店主である新劇の役者や、その関係の人たちが、自分たちの演劇の純粋な道をつらぬこうとすることと、生活してゆくという現実の問題とのつながりを求めて苦しんでいる姿もみた。そして自分自身のことに照し合せて、これからどういう道、どういう仕事をすることによって、自分が本当に生かされてゆくのか……等々、私はだんだん深く考えていくようになった。

可愛い喫茶店の勤めとコピーの内職の仕事は、ながくはつづかなかった。しかし、彫刻家の彼との交際は、私が次の仕事に移ってからもながくつづいた。喫茶店をやめて間もなく、次の勤めのあい間をみては、彼の家に通って、彼のモデルになった。彼が私の首をつくりたいという希望にこたえるためであった。そして、彼から彫刻についての抱負や新しい美術についてのことなどきいた。絵を描いたことのある私には、彼の話は面白かったし、彼の彫刻家としての才能もみとめたし、芸術へのひたむきな態度や考えを知って頼もしく感じた。

彼は、第二次世界大戦に出征して、ついに帰らなかった。私の青春時代の本当の友だちとして、どちらかといえば現実的すぎる私に、彼の芸術家としての純粋な思想や行動は、私の心に美しい潤いのある響きをしみ込ませてくれた。彼のつくった私の首は、小さな素人写真一枚に残されていて、私のアルバムにいつまでも貼られている。今でも海を見るたびに、「ラ・メール」といった彼の温かい眼が、私の心の中に映るのである。

昭和七年頃からある出版部に勤めることになった。その会社の内容というのは、当時徴兵制度があった軍国主義時代だったので、入営するときの参考書が必要だったところから、そこをねらってある印刷会社が、かたわらに経営しようというものだった。会社といっても設立早々で、在郷軍人の大佐級の著述者二人と助手の私の三人だけだった。軍人勅諭や兵隊の心得や演習のための銃の持ち方や斥候《せっこう》のことなど、そういう種類の参考書の計画がつぎつぎとたてられていた。私はお茶くみから校正、挿絵までなんでもさせられた。だから街に出ると兵隊の服装や銃の持ち方や歩き方を一所懸命みるようになった。初任給は四十円だったが、挿絵まで描けるというので、一カ月後は四十五円に昇給した。編集のことは何も知らない私にとって仕事は面白かったし、相手が老軍人なので、朝は早いが四時には仕事が終って帰宅できるので魅力があった。一年後には、この軍人たちによって十数冊の単行本が完成した。ちょうどその頃、ある人から、銀座に面白い夜学塾があるからいってみないか、とすすめられた。

その夜学は、商店の店舗設計の川喜田煉七郎氏の主宰するもので、事務所は銀座西七丁目の木造ビルの三階にあった。氏はユニークな建築家で、設計の仕事をするかたわら、造形教育を目指す新建築工芸学院という夜学を開いていた。教育の内容は「構成教育」と名づけた独自の造形の基礎訓練を中心になされていた。私は勤めながらこの夜学生になった。生徒は男ばかりで二十数名だった。最初の授業は、紙と鉛筆を用意させて、先生が洗面器を木片や金槌でがらがら叩いて〝さあ、今の音の感じを画面に描いてごらんなさい〟というのである。私はまったくどぎもをぬかれてしまった。また、色彩の時間では、青から緑の寒色系統の色紙を黒板にならべて、〝これらの色は同系色だから、ツーという感じでしょう。しかしこの色のグループに反対色の朱赤がぽんと入ったらどうなるだろうか、トン・ツーという感じではないだろうか……〟というように、川喜田氏独特の巧みな説明によって、色の性格や配色の問題が解かれてゆくのであった。また、グラデーションの写真と色紙を自由に切り抜いて構成するフォト・モンタージュの授業は面白かったし、割り箸をつかった立体構成も面白かった。こうした勉強は、色彩、点、線、面、テクスチュアなどの造形要素の理解からはじまり、それらを応用しての造形の表現実習だったのである。

数週間ののち、川喜田氏のお声がかかった。〝桑沢さん、昼間も私のところで勉強しませんか〟と。私の心は動いた。話にきくと、川喜田氏のこの教育システムは、一九一九年、ドイツの建築家、グロピウス氏がワイマールに創始したバウハウスをお手本にしたものであった。

氏はそれを独自の「構成教育」として編みだした。それは日本における造形全般の基礎教育のはしりともいうべきものであった。そして、この構成教育を軸にして建築、工芸、美術、演劇等への展開を目指しているようにみうけられた。アカデミックな美術教育をうけただけで、絵画以外の造形のことやバウハウスのことも何も知らない私にとって、しかも、絵の道でない「何か生活に結びついた視覚的な仕事」をしたいと漠然としたところでこれからの仕事をきめたいと考えていた私にとってチャンスが到来したと思った。川喜田氏の事務所の中には、未知の新しい造形の世界が渦巻いているのだ、なんとか昼間も夜もここに通いつめたいと願ったのである。

しかし、私には食べなければならないという生活がかかっていた。会社からは五十円の給料を貰っていたが、昼間も勉強では食べられなくなるのだ。川喜田氏は重ねていった。〝私は店舗設計の仕事の他に、自費出版の、「アイ・シー・オール」という雑誌の仕事もあるし、店舗の参考書の編集や雑誌社からの依頼原稿などいろいろあって忙しいのだ。それらの仕事をアルバイトとして手伝ってくれれば、今のあなたの収入に匹敵するくらいになりますよ〟と。

一年勤めた出版社をやめて、私は川喜田氏の許に昼間も通うことにした。本

棚には、世界の建築やインテリアの参考書や雑誌がいっぱいあった。私はむさぼるように開いた。川喜田氏や氏の事務所で働いている人や訪ねてくる人たちの話題も私には新鮮だった。その頃の新しい建築物——丸の内の中央郵便局や市ケ谷の逓信病院のことや将来の都市設計のことなど興味のある話題であった。また、川喜田氏の設計部で手がけていた銀座のあるビルの娯楽センターの設計や、川喜田氏が雑誌に連載している未来の住宅などに触れるにしたがい、私の視野は拡がり、新しい造形への魅力と刺戟《しげき》で気持に大きな変化をもたらした。私の具体的な仕事は「アイ・シー・オール」誌の口述筆記や店舗設計写真の編集および店舗のスケッチなど、なかなか多忙であった。

二カ月ぐらいたったとき、川喜田氏は「住宅」という雑誌の取材記者の仕事を紹介してくれた。発行所は大阪にあって、一般の人たちの住い方の参考誌であった。当時の住宅建築の傾向は、リビングおよびダイニングキッチンを中心にしたモダーン住宅であって、食器から家具にいたるまで、使う道具類がすべて無装飾なプレーンなものに徹底していた、いわゆる機能住宅といえるものであった。この素人向けの雑誌も、こうした新しい住宅や調度の紹介を必要としていた。当時、寄稿家である新建築家と称する人たちは、ほとんどが東京に在住していたため、だれか東京方面の取材をして原稿にまとめて送ってくれる人はいないかと物色していたのであった。私はよろこんで引うけることにした。それは、会社に毎日勤務する必要がなく、編集部の指示によって取材した原稿を締切までに送ればよいというたいへん自由な仕事だし、それにもまして実際に新しい住宅建築がみられるし、新建築家の先生たちに会っていろいろ話がきけるという点て、こんないい仕事はないと思ったのである。

予想どおりこの仕事は、十日から二週間ぐらいでかたづいた。しかも四十五円から五十円の月収があり、私にとってこの上もない仕事であった。あとの自由時間は、川喜田氏の手伝いを引きつづきやった。その頃から計画されていた川喜田氏と造形教育家・武井勝雄氏共著の『構成教育大系』の出版という大きな仕事の原稿の口述筆記や編集の手伝いもその頃の仕事の一つである。

「住宅」誌を通じて、作品をみせてもらったり、取材にあたった人たちは、堀口捨己、故蔵田周忠、市浦健、土浦亀城、山脇　巌、谷口吉郎、吉田五十八、山口文象などの建築家の先生であった。この仕事によって私の視野は拡大されていった。拡大されたというより、雑誌でみたり人に話をきくだけでなく、実際に自分の眼で新しい建築や調度や住い方に直接ふれることができたことは、素晴しい体験であり、勉強であった。

そうした新しい造形や生活のしかたに触れて驚きと感動をおぼえるうち、私の奥底から大きな疑問ができたのである。それは、当時の日本の社会生活とこうした新しい住宅建築や考え方が、どういう風に結びついて現実化するのだろうか……ということであった。当時の一般的な住居には、まだまだ封建的な思想が支配していた。具体的には客間を立派にして家族のための居間を冷遇し、台所は不合理きわまりないものでも平気ですませているといったような状態であった。だから建築家が主張する新しい機能的な思想や生活空間を、みんなの人たちが持てるようになるのはいつのことなのか、取材する住宅やアパートメントは特権階級のものではないか、そうでなければ単なる実験的な試作品にすぎないのではないか……といった問題を考えるようになった。

たまたま編集部から「台所特集号」を企画したから新しい台所を撮影して解説せよ、という依頼があった。台所といえば女である私にとって身近でわかりやすい対象である。さっそく建築家の紹介を得て、カメラマンを連れて台所拝見へとでかけた。ある家は、女中頭を入れて十人の女中がいる大邸宅だった。整然とした大台所、ハッチによって隣接している大食堂は、まるで大臣たちの会議室のようにみえた。家族は何人で日常どんなふうにこの台所が使われるのか、どんな客人がきてどんな料理が運ばれ、どんな宴会が開かれるのか、まったくわれわれ庶民には見当のつかないものだった。これでは一般向けの雑誌に紹介しても何の意味もないのではないかと思った。写真は義理として二、三枚撮って帰ってきた。次の家は、台所内の調理台の板だけ食堂にすべり出して、料理を運ぶ必要もなくそのまま食卓になるという、たいへん機能的で新しい仕掛けの台所であった。だが、特別のこうしたものを作るのはなかなか費用もかかるし、たいへんだと思ったし、一般の家庭にはむかないと思った。

こうした疑問を投げかけた新しい台所もあった反面、啓発された面もあった。もう一軒の家は、比較的小さい台所だったが、天井まではめ込まれた純白の作りつけ戸棚に対して、床には真っ赤なリノリュームを貼り、赤のホウロウ鍋や美しい色彩の調味料入れ、純白の重ねられる食器がきちんと特製の食器棚に並べてあるなど、きめの細かい設計で冷たい台所に温か味と親しみを与えているこの例などはこれからの台所の考え方として参考になると思った。

しかし、ここでも、すべてが特別にあつらえた設計であり道具類であったし、レンジや調理台、戸棚など台所の什器にかぎらずユニット（単位）的な家具類は考えられないものかと思った。そして、それらが一般にもどんな家にも使えるのではないかと考えた。当時すでに一部では棚や椅子などユニット家具として考えられ、製品化された物もあったときいていたが、今日ほど普及してはいなかった。いずれにしても、一部の人のものでなく、また、実験的なところにとどまらず試作段階から製品化され、一般の人たちの生活を合理的にする時代が早くくればよいと願ったのである。

建築家の作品による台所だけでは満足しなかった私は、普通の生活をしている家庭の中で、どこかに新しい工夫をしている台所はないか、小さいアパートの台所のせまい空間を巧みに使っている例はないかと、あちこちの知人をたよって探しもとめた。そして、狭い空間を利用した、朝食のための簡単な食卓や流しの工夫や、食器棚、鍋のかけ方などをさがして、写真を撮ったり、スケッチにまとめたりして編集部に送ったのであった。

こうした機能主義全盛の時代と、仕事に意欲をもやした青春時代が重なったおかげで、貴重な体験を通じて深い感銘を得ることができたし、自分はどんな道をえらぶべきかということもだんだんわかってきたことは、何よりもうれしいことだった。また、それにもました収獲は、自分の性格が子供の頃から持ちつづけてきた素朴さにあり、何ごとも現実的な客観的なものから入って、物をみて感じるところから判断してゆく性格であることがはっきりとつかめてきたことであった。

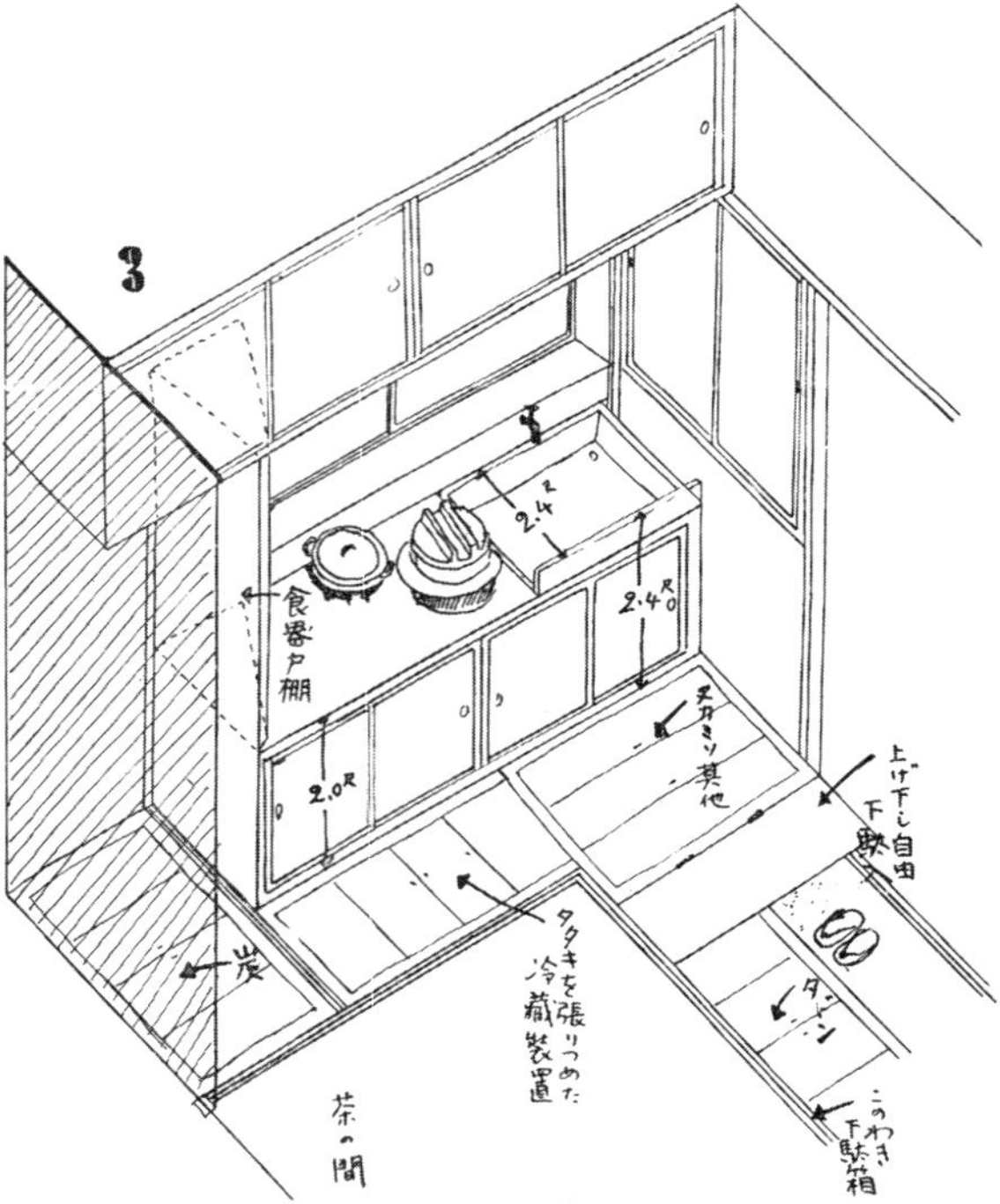

3 旧プラン

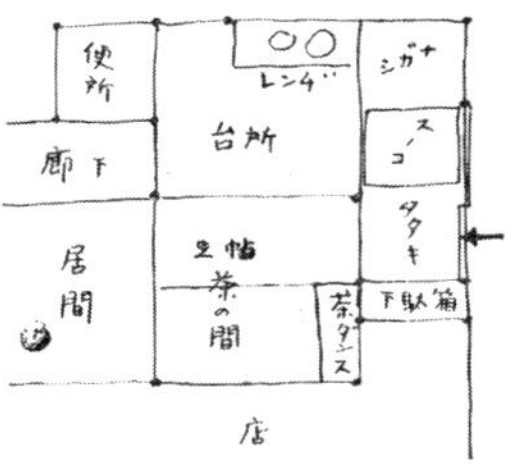

3 改造後プラン

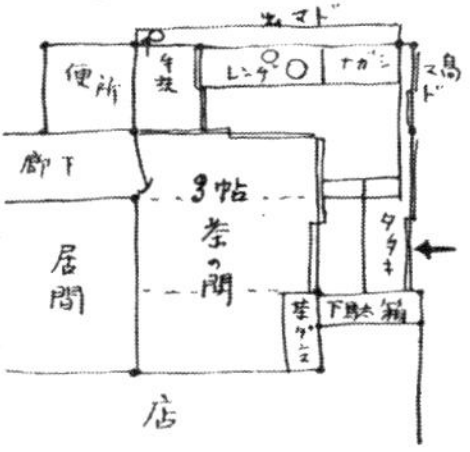

第二の私の青春時代は、戦後まもなくおとずれたといってよいだろう。それは、昭和九年末から十数年間ある報道カメラマンと結婚生活をおくったが、お互いの仕事のために円満解消して、再び独身の第二の青春時代がはじまったのである。それまでの歳月の間に、私の仕事の方向は、服飾デザインへと定着していった。すなわち戦前の洋装店経営を経て、戦後は、婦人画報への寄稿と服装相談室の担当をし、また、洋裁学校の雇われ校長などもやった。敗戦によって、なにもかも無の状態になった日本の混乱期の姿が、あらゆる面にあらわれて、私たちを悲しませる時代であった。

服飾の面でいえば、スカートを袴、ブラウスを中衣、ウエストを胴囲などと外国語を禁止し、モンペ上下を着せられた戦争中の抑圧から急激に開放され、アメリカニズムがどっとおしよせ、安易な即席的な思想がみなぎっていた。半年か一年洋裁学校に通えば、立派な職業洋裁師になれて多くの収入が得られる、という錯覚を世間に与えたのも、またデザイナーといえば洋裁師を意味し、その仕事は華やかなスター的な職業であると思わせたのもこの頃であった。

その頃、日本の新劇運動の先駆者である土方与志氏夫人梅子氏と、私と共鳴して「服装文化クラブ」という会を結成した。この会の目標は、いろいろと派閥がある洋裁学校を修了して洋裁を職業にしたものの技術も未熟であり、どういう方針でやってよいかわからない洋裁師のための研究会であり、官庁や企業の中に働く職場の女性たちの洋裁技術指導を通じての生活の啓蒙を目的とした会であった。この会には、よいことをしようと考える進歩的な若い洋裁師が集った。彼女たちは頭だけが燃えていて、技術を持たない理想主義者が多かったが、奉仕的に行動的に働いてくれた。職場の洋裁技術指導、洋裁学校に入れない家庭婦人や戦争未亡人のための講習会、農家の主婦のための廃品更生や作業衣の補修の手伝いなど、涙ぐましいほど働いた。

たまたま、服装文化クラブの主催で、当時月島にあった石川島造船所の職場の人たちに「通勤着のデザイン・ショウと講演」というテーマで講座が開かれることになった。講演会は大盛況で終了したが、当時タクシーは少なく、おまけに月島のはずれというたいへん不便な場所で、そこから京橋まで、ある出版社の座談会へかけつけなければならなかった私は、ついにタクシーはつかまらず、時間はせっぱくするし、いたしかたなく「輪タク」に乗った。この「輪タク」というのは戦後、自転車のリヤカーを人力車に仕立てたもので、敗戦の街の人たちの足としてたくさん出廻っていた。おそらく戦争で帰ってきた男や戦災で家を焼かれた人たちがえらんだ職業だったのだろう。私はこの「輪タク」を見るだけでも悲しい思いだったので、それに乗るなんてことはよほどのことだったのである。

輪タクの男は、見たところきゃしゃなからだつきの若者であった。まだ復興も遅遅としていた下町のわびしい街を、男は私を乗せて走った。走るといってもその速度は歩くのと同じぐらいに遅かった。下町なので急な坂はないのに、ちょっと傾斜した道にくると、彼ははあはあと苦しそうにあえぐのである。時間が相当かかってやっと隅田川の橋にたどりついた。隅田川の夕ぐれの風景は、このあえぐ男のわびしい姿といっしょになって、私の心にぐうんときた。突然、涙がどっと流れてきた。〃なんということなのだ、どうしてこの人はこんな職業を選んだのだろうか、どうして、世界の文明や文化がすすんできた世の中に、こんな原始的なことがあり、人間が不自由な思いをして苦しんでいかなければならないものだろうか〃というおもいに激しく駆られた。

同時に、私の頭の中には、十数年前に見た機能的な素晴しい台所と、対照的に、焼けあとのバラックの台所の一隅で七輪に炭火をおこして御飯をたいているみすぼらしい主婦の姿が浮んできた。日本は戦争のおかげで何もかもあともどりしてしまって、あらためて出なおさなければならないのだ……。隅田川の夕陽はだんだんと沈みかける。ついに私はたまりかねて男にそういった。〃私は歩きますよ〃と。しかし男は恐縮して私を降ろさなかった。おそらく私の顔は、涙で一ぱいの怒りと悲しみとでおおわれていたのであろう。

定刻よりはるかにすぎて、目的の京橋の角までやっとたどりついた。私は輪タクから降りるなり、いくらかと料金をきいた。男は遅くなってすみませんとぺこぺこ頭をさげて、いくらだったか忘れたが、安い安い料金をいった。私はまたまた腹が立って、二倍の金を払って〃あなたはこの商買をやめてしまいなさい〟と強くいった。

私をまっていた座談会は、「これからの合理的な家庭生活」というテーマであった。日本の最も進歩的なはずの首都東京の街で見たなまなましい原始的なものをみせられて、大きなショックを受けたばかりの私は、この座談会での発言はとても苦しかった。〝これからの家庭着はこんなふうに、合理的に美しく装うべきだ〟などというのは、そらぞらしいと思ったし、まだまだみんなの生活がよくなるのはほど遠いのではないかと、痛感したのである。

その後の私は、服飾デザインの専門的な仕事をするかたわら、つとめて地方に出かけた。というのは、東京に生れ東京しかしらないので、この環境のなかでだけ考えていては駄目だと痛感したからである。日本全体を知るために、チャンスのあるごとに、女性教養講座や洋裁学校の招きによる講習会に出かけて行った。なかでも「婦人朝日」誌企画の「全国巡回服装相談室」という形式で、当時の編集長の新延修三氏と、モード画家の宮内裕氏とフリーランスで編集の仕事をしていた高松大郎氏の四人で、十三の都市を全国行脚したのは私にとって大変な収獲であった。質問者の感想を一、二思い出してみると、名古屋の家庭婦人は、「美しくありたいということは、美しくない私にとってかなしい願いでした。それでデザインがどうの、といったことを、かれこれいう資格がないとさえ思ったのでした。そんな私に、似合う色やデザインを示していただいて、すっかり感激してしまいました。〝自分はどうせ……〟などという劣等感をもつことはいらないのだ、誰れでも、高価なお金をかけなくても、似合う色や形のものを工夫して身につけることで、より美しくなれる資格があるのだ、ということがわかってうれしくなってしまいました。デザインしていただいた服を着たら、ガラス窓や台所の棚にたまった埃なんか、たちまち片づけてしまうくらい元気がわきそうです。ともかく、相談室をでた私は、心うきうきと、おんぶしていた子供の重さを忘れておりました。」

また、静岡の若奥さんは、「今まで私は主人が選んでくれた色を着てきましたが、相談していただいた結果いま着ている色は似合わない、それよりこんな色を、とすすめられて、実はこれまで私もすすめられた色は大好きだったし、一度この色を着てみたこともありましたが、たちまち主人に反対されたのでした。今日から意を強くして、自分の意志をはっきり服装にだしてゆきたいと思います。自信を持って生活しなければならないことを教えていただいてうれしく存じます。」

この感想はほんの一部であるが、この相談室から得たことは、日本の女性たちの衣生活は、中小都市の中流階級においても、まだまだ封建的な考え方と卑下や自信のなさからくる消極性がつきまとっている現実を知ったのである。と同時に、前々から考えていた、家庭裁縫から女性を解放しろ、よい既製品を買って合理的な衣計画をたてろ、野良着の既製品を作るなどという考え方が、いつ日本の実際の姿となるのか、またまた私の心は暗くなったのである。

一方私は、啓蒙運動として消費者に抽象的に語ったり参考作品をみせて解説することでなく、実際によい物を作って、着てもらい使ってもらってこそ、みんなの生活が向上することだと考えるようになっていった。つまり、デザインということは、住んだり、使ったりする目に見えるものであって、そのものが私たちの生活のあり方をきめていくという大切な役わりを果すものである。したがって、デザイナーは、そのものをつくるため、人間的な正しい姿勢と綿密な計画によって、よいものを考えだし、生産にのせなければならないと考えるようになった。そしてデザインは、造形的な仕事にちがいないが、ほかの芸術よりはるかに実際的で客観的な仕事であり、私たちの生きている環境や政治や経済に深いかかわりあいのある仕事であり、一人だけでやる仕事でなく、製品にして使用者に渡るまで生産のプロセスを考えても、多数の人たちのつながりのうえに成立つ大変な仕事なのだということを、痛感したのである。

　ドレスデザイナーとして体あたりしてやっていくうち、デザイナーはもっと産業組織の生産面に積極的に参加し、健全な思想や創造力を身につけるために体験と勉強を積み重ねるべきではないか。デザインは個の問題でなく衆の問題であり、社会の問題である。それにはデザイナー自身の人間性を高め、広い視野をもつ行動的で知的な人間にならなければならない。それは自分自身の問題であると同時に、将来をになう若い人たちの問題であり、ドレスデザインのみならずデザイン全般の問題であることを痛感するにいたった。そのためにはデザインを学ぶ場をつくり、日本のデザイン教育の体系づけこそ私の仕事であると考えるようになった。

さいわい、このような考え方に共鳴するデザイン界、教育界の多くのよき人々がいた。理念へ向って小さくても戦おうとするこれらの人々の大きなちからにささえられて、昭和二十九年桑沢デザイン研究所は誕生した。そして、いわば、私の第三の青春は、ここからはじまるのである。

「主婦と生活」一九六八年

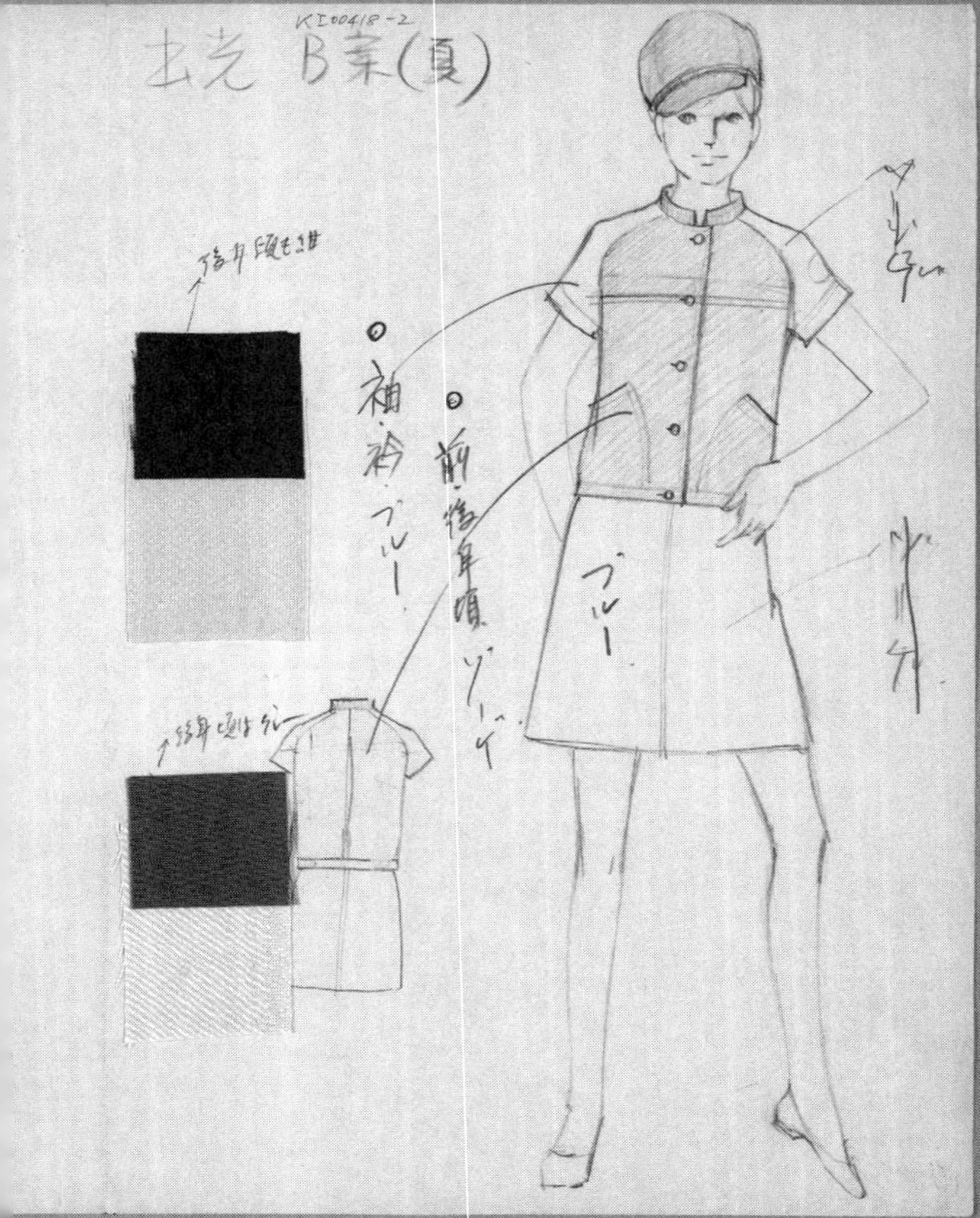

KI00418-2
出光 B案(夏)
袖・衿 ブルー
前・後身頃 グレー
ブルー

銀座の住いと私の職業服

仕事と勉強にあけ暮れしていた昭和九年の春頃、仕事でいつも撮影を依頼していたカメラマンの田村茂氏と親しくなった。彼は、長年銀座で友人と一緒に商業写真や報道写真の仕事をしていた人で、この頃、友だちから離れて独立したい意志を持ちはじめていた。

仕事以外の彼と私の交渉は、帝劇の三階で映画をたちみしたこと、それもたった一回だけである。また、そのほかは、数寄屋橋近くのおいしくて安い十五銭のカレーライスを数回食べた位のものであった。

昭和九年、私が数え年二十五才の夏頃、はっきりと、二人で世帯を持っても稼ぎをしようと約束した。二人の仕事の関係から、仕事場もかねた家が銀座で見つかればと、方々物色したあげく、銀座西一丁目の裏に小さい家をみつけた。

そこの大家さんは、なかなかかっぷくのよい、話のよくわかる人で、ほかに条件のよい借手もたくさんあるところを、若い二人が勢よくとも稼ぎをしようというところに惚込んでくれて、大変好条件で家を貸してくれることになった。

その家は、リノリューム張りの六畳一間と二畳二間と小さい台所と便所という、約六坪ばかりの家だった。そのうち二畳を暗室に改造して貰うことになって、改造費と敷金を合せて二百五十円、家賃が三十円ということだった。その頃の銀座で、この条件はけっして高価なものではなかったが、貯えの一銭もない私たちにとっては、ぼう大な資金だった。

その上、田村氏は、キャビネ版の組立て大型カメラだけで、35ミリの小型カメラがなく、独立するに際して、どうしてもライカ一台の費用、約三百円が必要であった。また、リノリュームの家なのでとくに家具類が必要であった。

家具といえば、仕事の関係から、すばらしく合理的なものもたくさんみてきたが、私たちの貧乏世帯にはとても高価で、縁の遠いものであった。

その当時、「婦人画報」誌上で川喜田氏の設計による「30円でできる愛の巣の設備」――ソファー（ベッド）二脚、椅子二脚、テーブル一脚、ティー・テーブル一脚――合計六脚で三十円というのを通信販売していた。そこで、これをつくっていた大工さんにたのみ、これよりももっとデザインを簡略にして、手作りの家庭工作の程度のものをこしらえた。

いま考えてみると、この二人でたのんだ家具類は、まことにほほえましいものであった。まず、三尺に六尺の二方に背のついている、ベニア張りのソファー兼寝台を二台、これは二つにあわせると、三方に背のあるダブル・

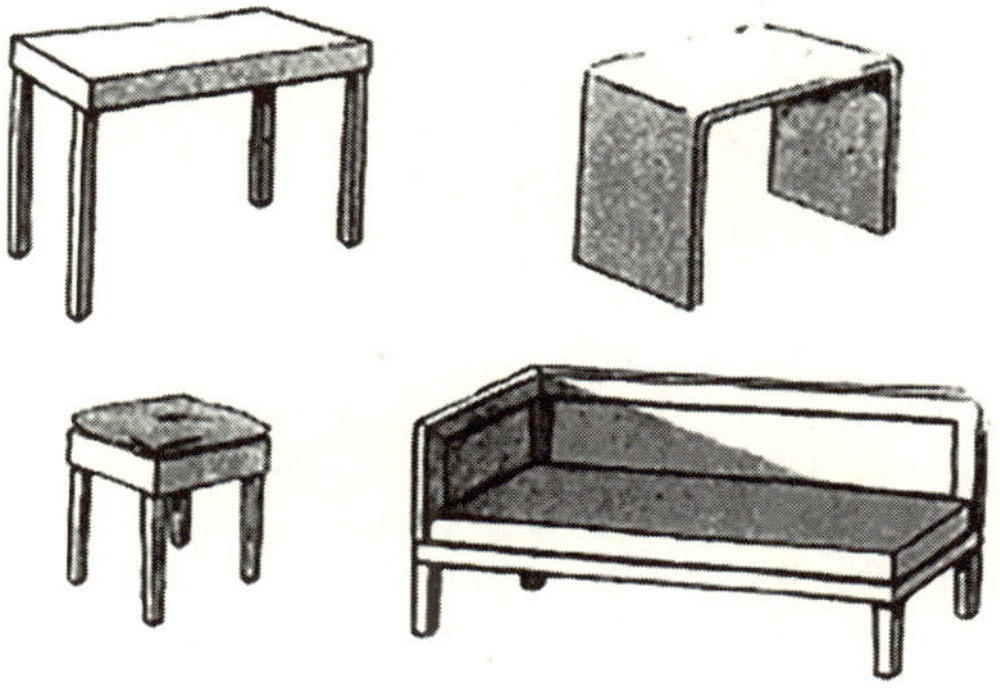

私たちのつくった家具類

ベッドになる。そのほか、三尺に二尺の食卓兼仕事机一個、ティー・テーブル一個、それに一尺五寸四方の四角い背のない腰掛が四個であった。

そのうち、ソファー兼ベッドは、かなりがんじょうな作り方だったから、その後数年使うことができ、別に大きな失敗ではなかったが、問題なのはあとの椅子と机である。できるだけスマートに、というので、構造上必要な、脚の下方に横にわたしてある桟をのぞいてしまって、ベニア板の座の下から、細いきゃしゃな脚が四本出ているだけという、まことにプレーンなものをデザインしたのである。

はじめのうちはたいへんスマートなのでよろこんでいたが、一カ月もたたないうちに、だんだんとぐらつきはじめ、半年後にはこわれてしまったのである。プレーンでモダーンな家具ということで、なまじっか外観からみた知識による失敗が、この新婚世帯の実践でうなずけたのであった。

結婚後ももちろん、私は「住宅」の取材記者をつづけると同時に、余暇は、田村氏の協力者になった。協力といっても技術的なことではなく、照明の手伝いと、とくに田村氏の最も嫌いな「集金」の係りを引きうけた。

新居のためのぼう大な資金は、全部借金である。その返済は、毎月百円ないし百五十円という月賦支払いである。百五十円というと、その頃の重役のサラリーていどの金額だ。田村氏はもとより私も大いに仕事に精出した。

田村氏の結婚前の写真による収入は、百五十円位とのことであったが、独立という世間に対する信用と同時に、ライカの購入による仕事の巾も広くなって、売上げはぐんと上った。そして、なんとか一年後には、資金のほとんどの返済ができた。

私が集金係りをしたからといって、家計全部の切りまわしをしたわけではない。だいたい私という人間は、計算にかけてはまったく苦手で、明日の食べるお金がなくても平気だ、というぐらい、お金にかけてはいたってのんきな人間であった。

その頃の田村氏の仕事のなかで、比較的大きい収入をしめている商売的な仕事が一つあった。それは、カフェー、キャバレー、料理店など数おおくの

KDニュース

1956.3

27

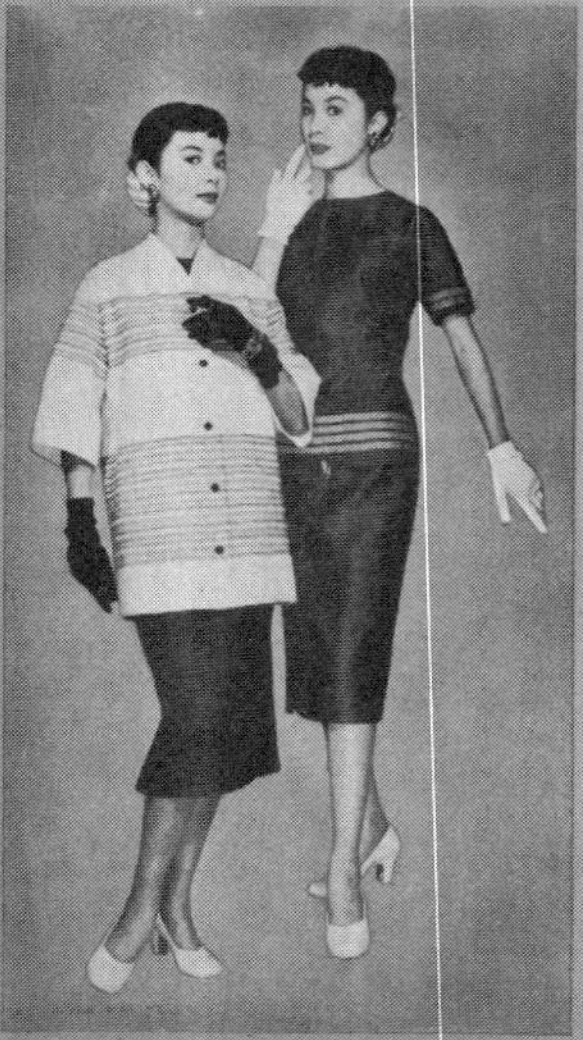

製　図　特　集

ＫＤ技術研究会

YOKO 13

チェーンをもっている、ある関西人の経営している会社があった。その会社の仕事は、営業所の改造、装飾の記録および宣伝写真、あるいは、パンフレットに入れる女給のポートレートなどで、撮影をする時間は、十二時をすぎた閉店後という、銀座の街独特の仕事であった。

こうしてした仕事の支払いは、やがて先方の都合よい日に、支払い日がきまり、集金にゆくのだが、その集金の当日の窓口は、米屋、肉屋、魚屋、電気器具屋、装飾屋などが押しかけてゆく。

窓口につめかけた人たちの話題は、今月は、会計係りが素直に請求書のとおり全額支払ってくれるかどうか、先月は百円も差引かれて困ったなど、きたない経営者に対する不満や、小さい商人の苦しい生活のはなしなど、切実なものであった。

とくに私たちの場合は、高価な材料費が加算されている請求書である。そして、ささやかではあるが、とうとい生活費であり、良心的に、一所懸命にやった仕事である。それを、支払いの当日、会計係りは、なんの話合いもしないで、頭から差引いて小切手をかく一方的な冷淡な態度にでることもしばしばあった。こうした、会社のやり方に対して、毎月のことながら憤慨して帰ってくる私であった。

田村氏のいわく「こんな仕事はやりたくないのだ。写真家にとっては、もっとやらなければならない仕事がある。それは、真実に生きてゆく人間のルポルタージュであり、よりよい社会にするための筋のとおった報道写真だ」と。ライカを使うようになってからの、ある大切な撮影の時のことである。室内のスナップなので、どうしてもフラッシュのシンクロの器械が必要だった。しかし、もっていない。和製のものなら入手できるのだが、完全でないので求められないし、舶来のものは非常に高価で買えない、という状態であった。

ついに私が助手になり、彼が切るシャッターと同時に、私がフラッシュをたく、……ということで二人で出かけた。その仕事は、ある重要な会議で、もしこの記録がとれなければ、撮る方の責任問題になるという仕事である。彼も私も真剣だった。なにしろ完全にスナップなので、彼は手持ちでフラッシュをたくということもできず、立体的なスナップをとろうというので、私が、かたわらであるいは遠く離れて、彼のシャッターをきるのにあわせて、カンでフラッシュをたくむずかしい仕事だった。

仕事をおえて帰宅後、二人で暗室に飛び込んだ。どうぞ写っていますように、私は心に念じた。現像の結果、私のカンがよく、全部彼のシャッターと私のフラッシュはぴたっとあっていた。二人は暗室の中で抱きあってよろこんだ。

そうこうして一年半後のある日、小さいわが家の善良なる大家さんが、私たちに立退きを命じてきた。

私たちは驚いたが、それは次のようなうれしい話だったのである。つまり、一軒おいた隣りの空地に、現在の二倍の建坪の二階建を新築するから、それにあなたたちは引越して下さい、ということであった。しかも、家賃は十円だけ上がるが、その他一切の費用は不要である、というのである。

私たちのよろこびは格別であった。そして、はじめて自分たちの考えで設計できる仕事場の夢でいっぱいだった。私たちのえがいた設計は、約七坪の階下を食事をする二畳と一坪の台所と応接兼仕事場にした。階上は、六畳に押入一間半と四畳半の暗室という間取りである。

さて、スペースの大きさはこれ以上文句はいえないが、なにしろ銀座裏の制約された土地での採光、通風の条件がどうしてもうまくゆかない。たとえば、西側が表玄関で、南側は完全に隣とぴったりついている。だから、主要な居間や仕事場が、西陽をいっぱいあびるし、東は、暗室でふさがれる、という結果になるのである。こうした悪条件の中での設計は、いくら一流の設計家でも合理的な間取りはむずかしいのではないか、と痛感した。しかし、私たちは、戦争で焼ける昭和二十年まで約九年間、ここに住んだのである。

したがって、私たちの生活のための調度や衣類は、最小限度にとどめられ、最低の簡易生活のベテランともなったといえる。

その頃の私の仕事着あるいは外出着として、自分が考案したきものの一、二について述べてみたいと思う。

その頃の婦人の街着は、なかなかちゃんとしたよそおいで、必ず帽子を被り手袋をしていた。ブラウス一枚では外出着にならず、必ず上衣をきる、ワンピース一枚の場合は必ずコートといったように、街着のエチケットは西欧なみにきちんとしていた。もちろん、スラックスで外出するような人はいなかった。ところで、街を歩いている時にはよいのだが、人の家を訪問した場合、帽子やコートをぬがなくてもよいというものの、日本の住宅ではどうもマッチしないし、かぶっている方が気がひけるのである。

私が主として訪問する家庭は、建築家の先生の住宅であったり、比較的大きい邸であるから立派な応接室のある家もおおいが、床の間つきの日本座敷などに案内されては、どうしても帽子を脱がなければならないし、冬など、小さい手あぶり火鉢だけでは、コートをぬいでちょこんと坐っているなど、まったく寒ざむしいのである。

そこで私が考案したのが、オーバー・コートなしで、街にも室内にも通用する洋服である。生地は、濃グリーンの男物のスポーテックスという中肉のしっかりしたウールである。巾広いスタンド・カラーがついていて、ブローチでと

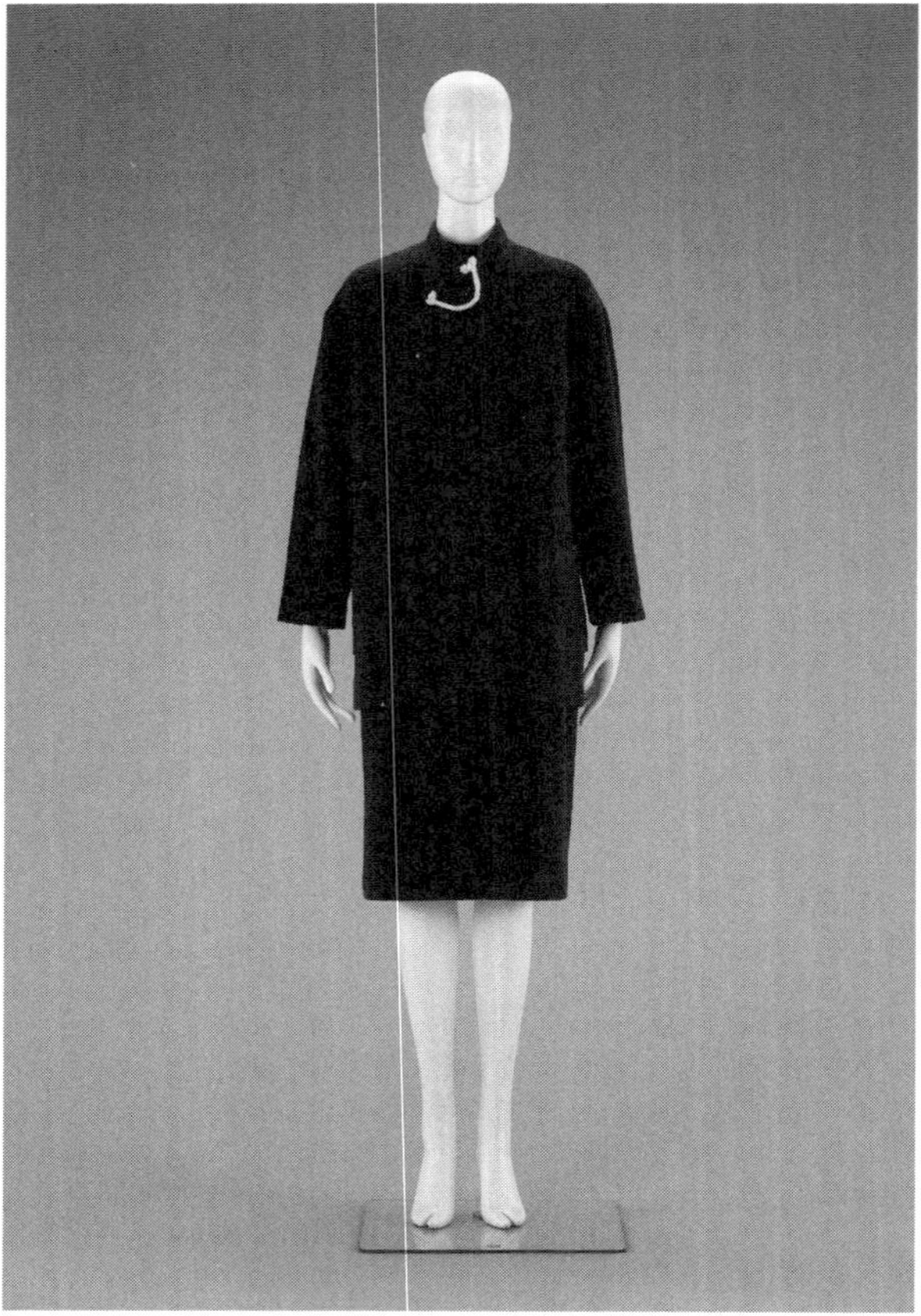

めるだけの、ごくプレーンな七分丈のコートに、そのとも生地で作ったストレート・スカートである。いわば、現在の七分コートとスカートのアンサンブルである。生地の質もオーバー地とスーツの中間をゆくような中肉の生地であるから、冬の街着としても貧弱ではない。中には厚いスェーターをきて、高い衿の中にはマフラーを入れるのであたたかい。そして、無帽の場合もあるし、黒い小さいベレーの変型をかぶる時もあった。

これなら、街着にも、また、どんな応接間にももちろんオフィスにもマッチする。その後、私は、玄関でいちいちコートをぬぎ帽子を脱いだり、またかぶったりする、わずらわしさから解放されたのである。

このカッティングが、その頃のコートやスーツとちがっていたので、訪問するたびに「あなたの服はちょっと変っていますねえ」ということだった。

このアンサンブルよりずっとあとに作ったものだが、もう一つ仕事の関係から考えて作ったドレスがあった。

それは、アンゴラ・ウールが入っている黒と白の肌ざわりのよい軽いツィードであった。この種の生地は、大体かわり上衣か、子供服のコート地にするものであるが、私は、これをワンピース・ドレスに作った。この頃は、今よりずっとドレッシィーな装いがおおく、会合というと、絹のアフタヌーンか、フォーマルなスーツを着るのが一般の常識だった。ところがなんといっても、冬の集会所は寒くて、それらはむかなかった。そこで考えたのが、このあたたかいワンピースで、しかも、衿はちょっと折り返えるだけで、ウエストもシェープしない切替えのないシフト・ドレス（ウエストをぴったりあわ

私のきたワンピース

私のきたアンサンブル

せないドレス）形式で、ふとい黒の変りベルトでぎゅっとしめたものである。まず暖かそうだということと、やせている人を大変豊かにみせるということ、その上にカッティングがやさしく、だれにでも縫える、ということでなかなか好評であった。

大体私の洋服は、自己流ではあるが、自分で自由に裁って、そして一晩か二晩で縫い上げられるような、やさしい縫方のものでなければ作らなかったのである。

『ふだん着のデザイナー』一九五七年

YOKO
15

MUJI BOOKS

気がつかないこと

私たちの身の廻りの道具類で、本当に役立っているものと、全く役立っていないものがあると思うし、使いやすいのか使いにくいのか気がつかないまま何年も使っている、という例も多々あると思う。

私の家は三人の小家族だが、食事だけはゆっくりしたいというので、木製の正方形の食卓を三つ並べて使っている。食卓とセットになっている椅子も木製で実用一点張りだがプレーンなデザインなので、私も好きで、かれこれ七、八年にもなるが、なんの不満もなく使ってきた。

ところが最近、どうもおかしい……ということに気がつきだしたのである。

私の家の夕食の時間はとてもながい。七時のニュースがはじまる頃から、姉も私も妹も好みのウイスキーやビールを飲みだし、つぎつぎ出てくる料理を食べる。そのうち〝九時からこんなテレビがあるから見よう……〟とかなんとか

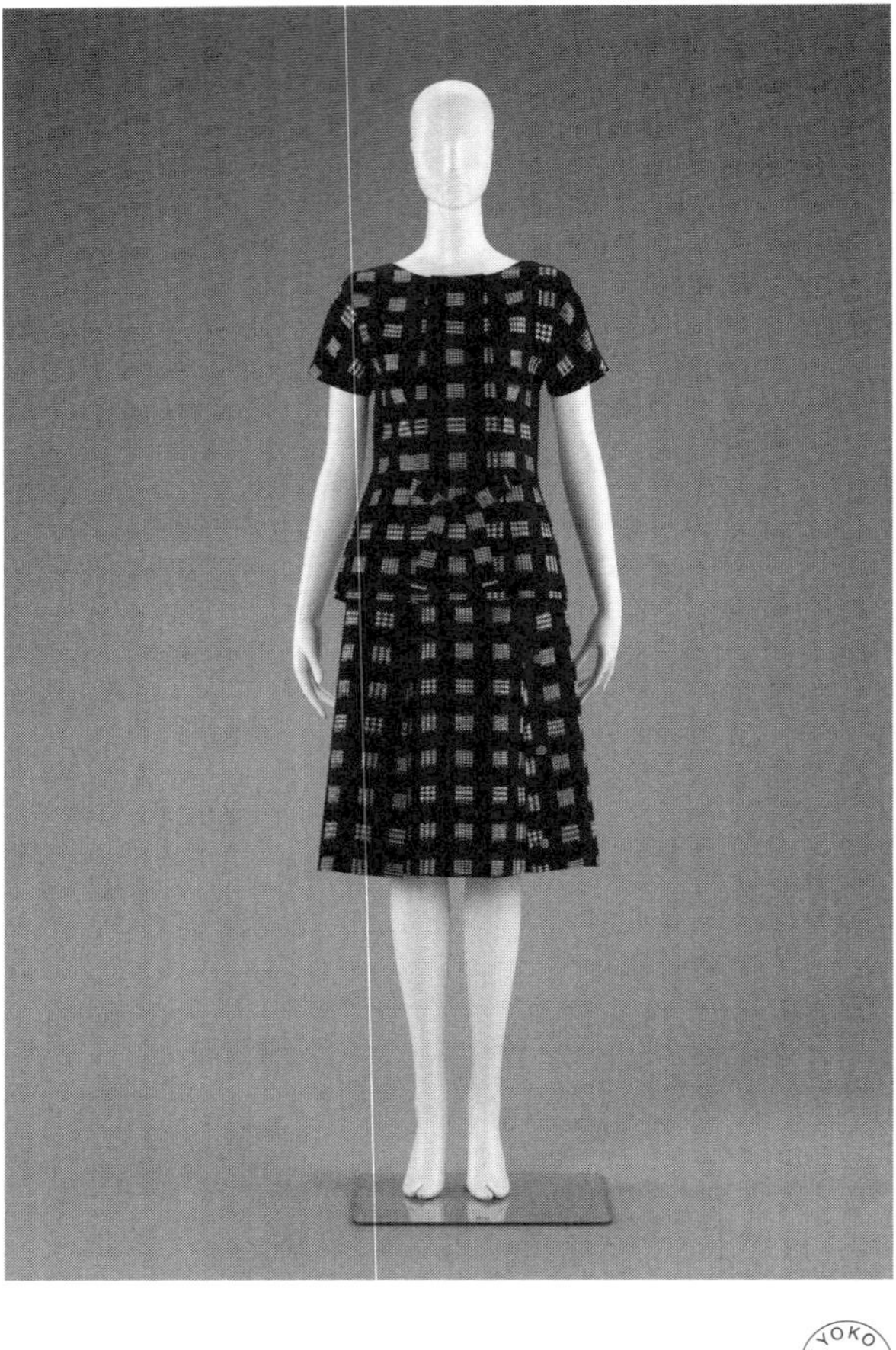

YOKO
16

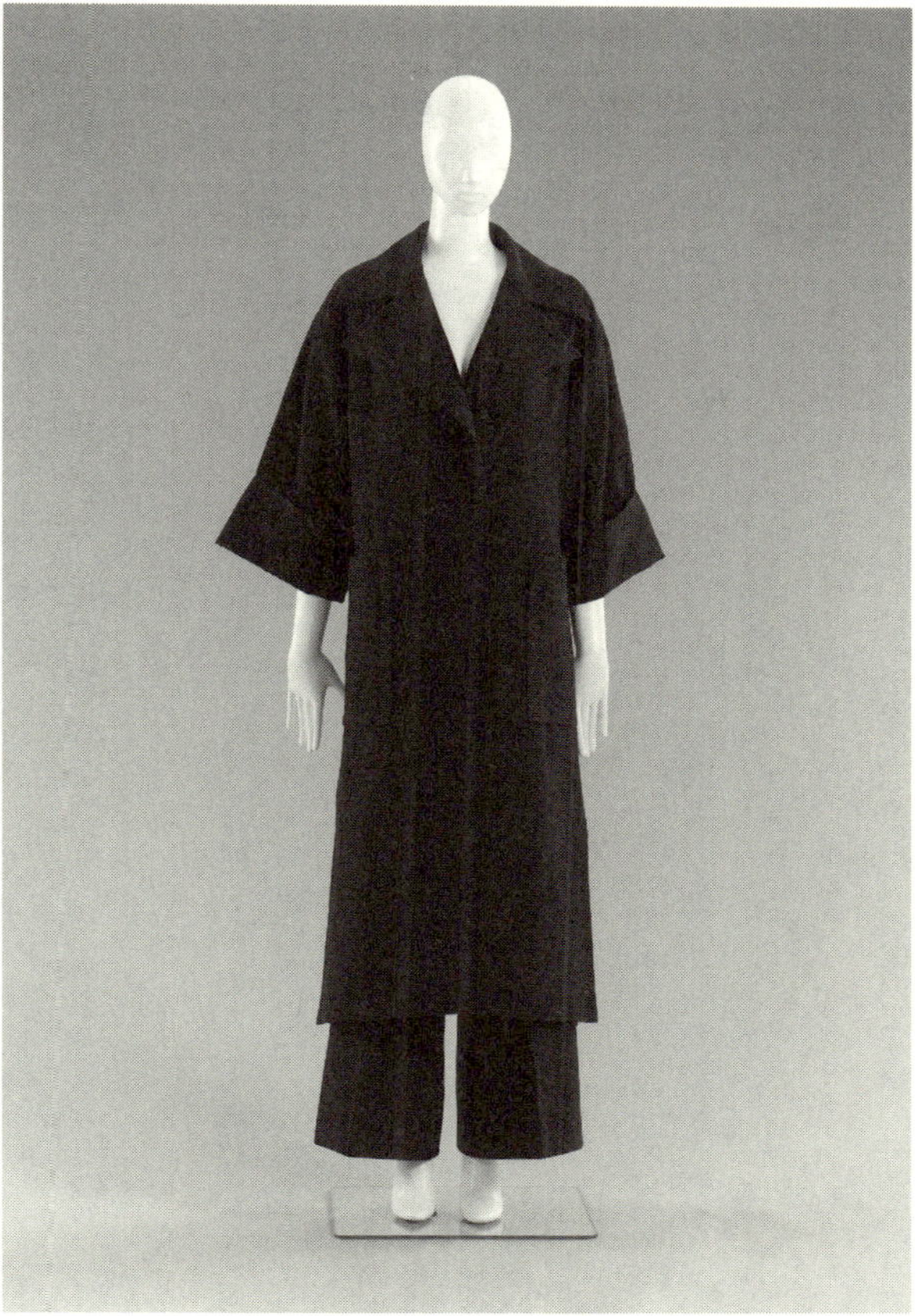

いっているうちに、九時半や十時頃まで食卓にかじりつく結果になるのである。

どうもおかしい……ということは、食事半ば頃から、まず姉が椅子の上に座りだす。その頃になると、私が片方の足を椅子にのせて膝をたてる。そのうちに両膝をたててうずくまる。妹は、とみると、隣のあいた椅子に足を長々とのせる……というふうに、三人三様いかにもお行儀の悪い姿勢になるのである。こんな状態がかなり前から続いていたのだが、そこは親しい家族同志の団欒なのでちっとも気にかけなかったのであった。

ところで、親しい女性で、よくわが家にきて食事をする人がいる。その人は背の低い可愛い感じの人だが、たまたま食事をする段になると、〝少し低い椅子はありませんか、いつでも感じていたのですが、この椅子は私にはとても高くて……〟というのであった。私はそこで初めて私の家の食堂の椅子の高さについて見なおしたのであった。彼女とは昨年一緒にヨーロッパを一周りしてきたのだが、彼女の背の高さは一メートル五三センチぐらいで私より一〇センチくらい背が低いために、十数時間の飛行機の旅や外人なみの食卓の寸法が合わず旅行中、脚を物凄く腫らして苦しんでいた人であった。

新幹線の二等の椅子の寸法は具合が悪いとか、だれそれさんのデザインしたソファは駄目だとか、私も随分いろいろ批判めいたことをいってきたが、毎日毎日長年身近かに使ってきた食卓の寸法の悪さ、というか使い方とか家具についての、正しい目をもたずに過してきたことを今さらながら恥しいと感じた。そしてもっともっと気づかずにいることが他にも身近かに沢山ころがっているのではないかと思うのである。

考えてみると、人間というものは、頭で考えたり、創ったりすることの方に先走ることが多くて、実際に使ったり住んだりした体験の方を甘くみたりおろそかにするようである。私の私室についても、既に五年間も住んでいるが、良い点、悪い点の分析はいまだになされていないことに気づくのである。食堂の椅子のことから、そろそろ私室の方も分析してみようと思うのだが、いちばんよいなあと自負しているのは、家具が全くない点と、三方が襖、一方がカーテン、床がジュウタン、天井が木といった具合に、テキスタイル（繊維製品）と木材にとりかこまれているせいか、たいへん音がよくて、部屋にとじこもると耳がシーンと静かになる点である。

このわが部屋に安楽椅子が一脚ぜひとも欲しいと思うのだが、食堂の椅子のこともあって、めったな椅子は入れたくないと、心にきめているのである。

「室内」一九六九年

石けん

一つのものを気に入ると他のものは使わないくせが私にはあるが、石けんだけはその時の気分でいろいろ使ってみたくなる。ピンクとあわいブラウンのツートンのエルメスの化粧石けんのいただきものを思い出して、包装紙をむく。新しい石けんをむくときはどんな石けんでも心よいものだ。小さい浴室だが私の家のお風呂は好きだ。早や目の夕方で陽はまだくれていない。湯はなみなみと、みちている。

エルメスの石けんも満点だ。薄べったい小型の長方形で使いやすいし、なかなかいい。

ふと、いただいた老教授の顔が浮んだ。私の一つのくせで贈物はどんなものでもどんな場合でも頂いた人とものとどんな意味で贈られたかよく憶えている。記憶力の駄目な私だがそれだけはかんしんだ。

老教授は自宅の近くで車にはねられて商店のウィンドウにぶつかってガラスで左耳わきの頸を切ったのだ。私が見舞った病院は静かな環境の教授の主治医の小さい私立病院にうつされた時であった。けがの経過は急所がはずれていて幸いだったが、出血多量で輸血を必要とするのでそれがいい血であればいいがそれが心配だということであった。

教授は回復したその快気祝としてこのエルメスの石けんをとどけて下さったのだ。よかったという安堵と今日のお風呂の快適さで私は心がやすらいだ。

そういえばこの前に使った比較的大きい卵形の化粧石けんを思いだす。カネボウの高級石けんで質はいいし香もよかった。たしか私はそれを使ったときとてもユーモラスな気持になったものだ。タオルに石けんをつける度に、何度も何回も石けんが私の手から飛び出してタイルの床にころげ出すのだ。はたから見たら私はまるで石けんにたわむれて浴室の中を猫がマリで遊んでいるようだったにちがいないとその時ふきだした。石けんの形も丸いもの、四角なもの、スタンダードな形、大きすぎる小さすぎる、ケースとの関係等々いろいろあるが、使う方の側からいえば、あまりコロコロ型でない方がよいようだ。

卵型といえば有名なシャネルの化粧石けんもそうだ。ついこの間、香水や化粧品の入っている棚の奥にたった一つシャネルがあった。なーんだ忘れていた。いつのものだろうと思いながら、では今日使おうと思って包装紙をむいた。どうも変だ。香りもないし、包装紙の一部が茶色ににじんでいた。裸になったし変だと思いながら使った。全く香りはないし、何んだかねちゃねちゃしている。これは失ぱいしたと思った。湯上りは全くさわやかではなかった。その上、タオルをいくらゆすいでも変なにおいがとれない。ははぁーこれはまさに戦時中の魚の油でつくった石けんの香りだ……と、次から次へといやな思い出が私をおそった。

まさに高級石けんがくさった話である。

初出掲載誌不詳　一九七四年

1956年の新しいシルエット
フォルムの研究
ブラウスド・シルエット
ジャケット風チュニック
シース・シルエット
バルーン・シルエット

YOKO
18

暮しかた

新聞屋から毎週、朝日グラフが届くと、私は一番先に最後の頁の「わが家の夕めし」という連載記事を見る。作家や俳優や地味な文化人の家族の夕食の団欒風景である。私の興味は、料理の中味でも、家族構成でもない。それは毎日の夕食という環境の設定のしかたであり、その状態であり、現代の日本人の暮しかたをみたいのである。

ある人の場合は、主人の書籍がいっぱいの書斎に大テーブルを並べて、離れて暮す家族を呼びあつめての大家族の宴会風景であったり、ある人の場合、本当の姿を見せたくないのか、応接間のソファに奥さんや姑さんを腰かけさせた食事（演出）風景だったりして、がっかりさせられる。

総じていえることは、それ相応の生活をしている人でも、せまいダイニングキッチンの流し台やレンジを背負って、四、五人の家族がひしめきあって食べている状態や、四帖半風の茶の間が多いことや、日本人はみみっちいせいか、柄物のビニールのテーブルクロスを、テーブルの表板がいたむのを嫌ってか、用いる家庭の多いのに気がつく。最近、応接セットや旦那様用のロッキングチェアは高価な外国製品を購入する人が多いようだが、この「わが家の夕めし」の記事では、これはいい食卓だなあ、と思ったのは一度もなかったし、こう考えてみると、応接や旦那様のものにはお金をかけるが、日常、最もひんぱんに使う台所環境には無関心だという昔ながらの日本人の暮しかたが根強いようだ。

毎年、暮になると、親しい人に贈る品物の選択に苦労する。いつも、なるべく奥様用のものを贈る。去年は、三家庭に奥様の名宛でオレンジ色のNYチェアを、リビングキッチンでくつろぐ時に、といって贈った。三家庭のうちの二家庭は2DKで夫婦二人暮しである。遊びに行ってみると、旦那様は結構ゆったりとした椅子にふんぞり返っているが、奥さんはいつもダイニングキッチンで立ちっぱなしの様子である。夕食後、奥さんがテレビを見たり、くつろぐ時は、いったいどういう状態になるのかなあ、と思ったりしたからである。

NYチェアは、ご存じの方もあろうが、布地張りのサンルーム向きの安楽椅子である。感覚的にはリビングルームや食堂向きではないと思う人もあると思うが、私はそんなことは何とも思っていない。私も愛用しているが、頭から上体を支える角度がよく、軽いし、二つにたためるし、なかなか便利だ。案のじょう三人の奥様方には大変好評だった。

同じく贈物だが、ガウンに凝ってしまって、数名の中年の男女の人たちに贈った。それというのも、遠い親せきの娘が既製服メーカーに勤めていて、その会社の社内販売で安価に入手できたからである。

実は、ガウンを贈るということには、いささか抵抗があった。それは、その人それぞれのプライベートの生活の仕方がつかめない点だ。家庭は休息の場所と徹底的に考えている私であり、帰宅早々お風呂に入って、ガウンを着て食卓に向うものにとって、ガウンは必需品であり、季節を通して何着あってもよいと思う。そうした自分の暮しかたを、他人様の暮しの中に持ち込んでもよいものだろうか。病気見舞でもないのに失礼にならないだろうか。セーターとスラックスという凛凛しい旦那様の装いを、ガウン姿に変えてしまって奥様はどう思うだろうか、等々考えたのである。

ところで贈った反応は、次の通りであった。〝病気になった時にと思って大切にしまっておこうと思っていたけど、一寸着てみたらとてもよいので毎日着ています〟〝一着も持っていなかったので、女房がこれはいいと喜んでいる〟〝帰宅後とても休まり愛用しています〟〝作ろうと思っても億劫だし、買おうと思うと高価だし、とても嬉しいです〟等々。

考えてみると、日本人は、昼間の生活と夜の家庭の生活が、まだ区別がついていないのではなかろうか。働き者が多くて、寝るまで同じ装いをして、同じような固い椅子に座って、働きっぱなしのような暮しかたではなかろうか。

「室内」一九七二年

K・D・S開講

昭和二十九年の四月、桑沢デザイン研究所（K・D・S）が誕生した。これまでの不徹底な洋裁教育を、いっさい清算して、独自の研究所をやっと、もつ段階にたったのである。

このデザイン研究所の内容は、いままで私が経験したすべてのことを土台にし、また、いままで描いてきたすべての理想をもり込んだ、小さいながらも、ほんとうの意味での私の理想の実験教室であり、工房でもあった。

この研究所の発足のきっかけは、次のとおりである。つまり、当時、KD技術研究会の日曜勉強会や機関誌の発行、会員の獲得など、私と高松氏を中心に、数名のスタッフと荻窪の自宅で活動をつづけていた。しかし、全国行脚をしてみても、いかにも未組織の非力を感じないわけにはゆかなかったし、当時、荻窪という足場は、いかにも不便であった。せめて数坪でもよいから、もっと足場のよい都心に場所をもちたい、ということが痛感された。そんなときに、たまたま、私たちの活動に好意をよせていた某氏が土地を提供しようじゃありませんか、というのである。もともと私は、自分の家をもつなどということは考えもしない人間なので、ずっと借家住いであり、それに人のお世話になることがきらいなたちなので、うれしい話ではあったが、ハタと困った。なにしろ、当時の全財産といえば月掛けで信用金庫にかけさせていた十数万円だけしかなかったのである。

その土地は青山で、五十五坪というところから、私は、もし建てるとすれば研究会の連絡場所だけでなく、既製服の研究室兼仕事場もつくりたいと考えた。この考えについて、高松氏はいった。

「過去十年にわたって、桑沢さんの考え方、ゆき方をみていると、理想と現実との矛盾を感じてしかたがない。デザイナーの社会的補償にしても、デザインから生産へのもってゆき方にしても、結論としては確固とした基礎教育ではなかろうか。そして、そこで感覚技術を身につけた人が一人でも多くならなければば、結果としては作家としての自己満足におわってしまうのじゃないか。かつて、あなたの画家からデザイナーへの転機となったバウハウスの教育を、もっと現実問題として考える必要はありはしないか、また、日本のデザイン運動の担い手の一人としても、卓を叩くだけでなく実践の場、真に新しい教育の場をつくるべきではないだろうか」と。

この企画には、姉妹たちも賛成してくれ、さっそく資金の調達に奔走してくれた。二十年来の親友である建築家、画家の橋本徹郎氏が奉仕的に設計にあたってくださった。学校の教育方針、内容については、勝見勝氏（デザイン評論家）橋本氏を中心に、剣持勇氏（インダストリアル・デザイナー）渡辺力氏（同上）清家清氏（建築家）金子至氏（インダストリアル・デザイナー）の諸氏が熱心に討議した。

結果としては、私がやりつづけてきたドレス科とリビング・デザイン科の二つが二本の柱となり、教育の最大の目的は、デザインに対する既成概念を実習をとおして打破することであった。つまり、人間とデザインとのつながり、い

桑沢デザイン研究

YOKO 19

いかえれば、社会とデザイナーの結びつきを教育の基本においたのである。日本のいままでの造形教育が技術的な観点だけでなされた結果の弊害は、あらゆるその筋の職能分野にひびいているので、ここでの教育は、その狭い技術的な教育方針を破って、概念くだきのための教育コースを設定しようとしたのである。具体的な実習としては、研究生の感覚訓練のために、絵画、彫刻、建築、工芸、その他各種のデザインを問わず、それらに共通する造形的基礎を体系的に実習させ、創造的な感覚を身につけさせるための構成教育を行おうとしたのである。

だから、この二本の柱の編成に対しての私のほんとうの気持は、あくまでも創設段階での決定だということで、将来の構想は、やはり、服装だけの狭い分野だけでなく、デザイン全般にわたる正しい基礎教育であり、ひいては職能教育であった。

研究所のスタート以来、いちばん心配していたリビング・デザイン科（当時は夜間だけ）は、それでも二十数名あつまった。しかし、デザイナーになれる速効薬を夢みてきた男女の生徒は、まったく予想もしない、本格的な基礎教育のやり方にとまどい、月を重ねるにしたがって脱落していった。私は高松氏と、たとえ三人になっても二人になっても、最後の一人になってもやりつづけることを固く決意した。そして第一期の卒業のときには、リビング・デザイン科は、歴史的な七名の人たちを送り出した。もっとも講師は日本の第一級の人人が生徒数の何倍かではあったが。私は、ここまで頑張りとおした諸君を「七人のサムライ」と呼んだ。

この一年の苦しい体験は、しかし貴重であった。私たちは反省し、一方、講師の諸氏も今後の指導方針について熱心に討議し、教授会は、いつも火花を散らす光景を呈した。

こうしてリビング・デザイン科は、二年目には昼のクラスができて数十名に増加し、三年目には百五十名を越え、講師も四十名を上廻った。

この研究生たちの年令は、上は四十二、三才から、下は、十八、九才にわたり、職業は、社長、販売員、東大卒業生から、家庭婦人と多士済々であった。実習

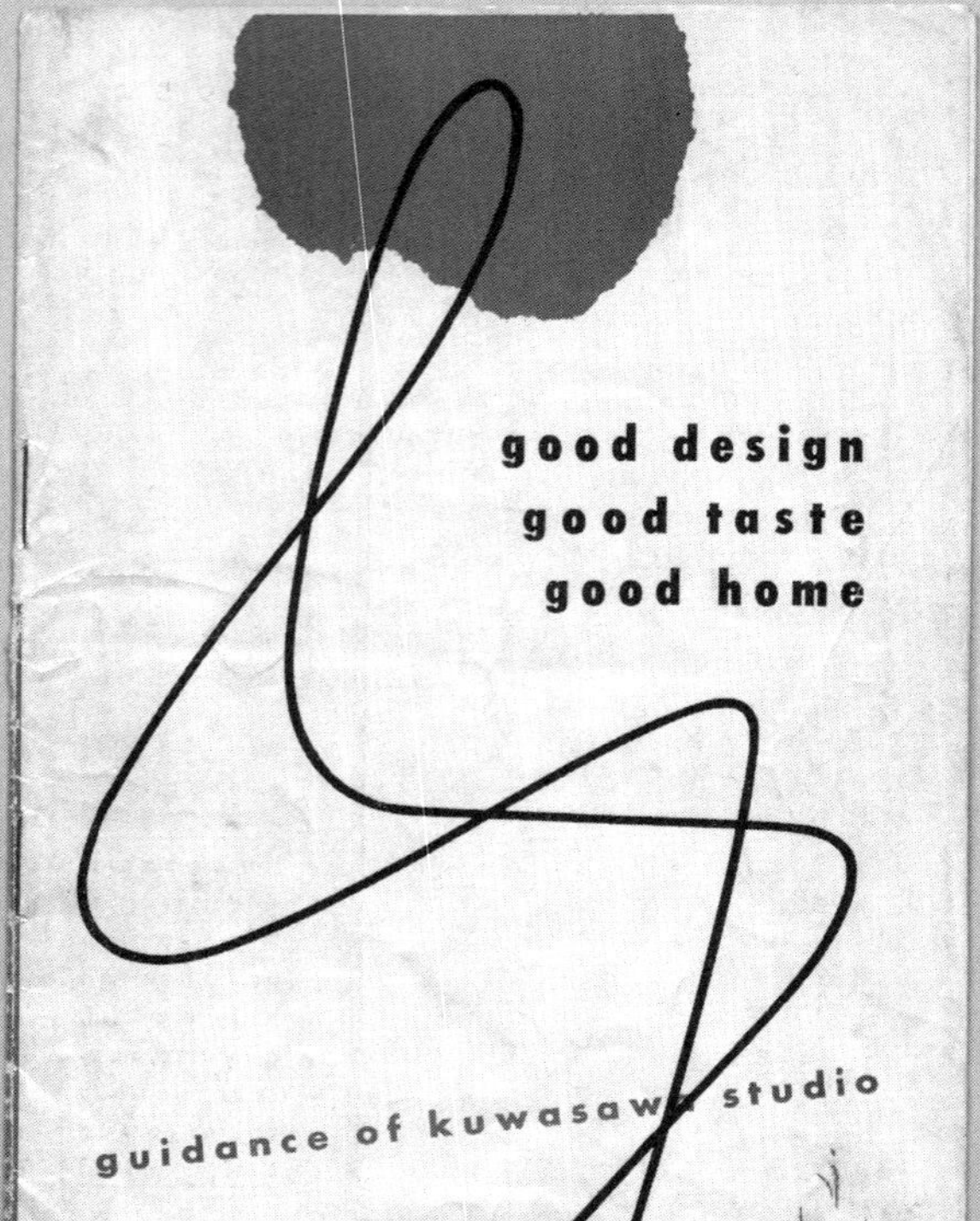
good design
good taste
good home
guidance of kuwasawa studio

YOKO
20

教室にいるこの人たちをみていると、彼らが意識したときから、植えつけられてしまった固定観念が、各分野の講師のデザインに対する善意と愛情によって、解き放なされ、デザインに対する子供のような純粋な感覚を回復していくようであった。以下に生徒のナマの感想の一つを紹介しよう。

新しい造形教育

中野八重美

刻一刻の時間の推移とともに変転する周囲の状況が、私達の好むと好まざるとに拘らず、良きも悪しきも耳目を通過する世の中です。このような社会でどうしたら楽しく有意義な生活ができるでしょうか。それは各人の個性に適応した分野で活動し、建設しあってゆくことではないでしょうか。当研究所を知る以前、私はどちらかというと感覚的美感のみに関心が集中していたように思います。ところが、一昨年六月に近代美術館で開催された「グロピウスとバウハウス展」を観て、より広汎な綜合美のあることを発見し、強い感動を受けました。材料の可能性を追求しながら、感覚・理論・技術を体得し、合理的なバランスのとれたものに造形することがデザインであり、しかもそれが社会と繋る問題であることを知ったのです。その時、私自身このような仕事ができたらと希うようになりました。その後、時を経て友人からバウハウスのシステムによる新しい造形教育の行われている当研究所のあることを教えられたのでした。デザインについて未知の私が、ようやく一年を終えようとする今日感ずることは、優秀な諸先生方の指導下でのチーム・ワークによる基礎教育が、ともすると陥りがちなマンネリズムから解放し、友人同志相異る個性と知識を交流し合えたことで、その意義の重要性を知ったことです。その上、夜学ぶ私達は大部分が勤労する人々であることが、多少の困難と対面しながらもますます意欲を高める結果ともなっているように思われます。何はともあれ、志を同じくする進歩的な方々とともに勉強し合う機会に恵まれたことは幸です。そしてデザインするには、洗練された感覚と綜合された知識をもって合理的な造形美を創造すべく、あらゆる努力を傾倒しなければならないことを知りました。私が当所で学んだ点はデザインする態度であったといえましょう。

この研究所の創立初期、くわしくいえば、二十九年六月のある日、とつぜん剣持氏より「バウハウスの創始者、ワルター・グロピウス氏教授が、あなたの研究所と作品をみたいといっています。これから、すぐ行きますから、どうぞよろしく」との電話がかかってきた。私は、二十年来尊敬していたグロピウス教授が私の研究所にみえるなんていうことは、想像もしなかったことなので、よろこびかつ驚いた。予定の時刻ぴったりに先生はみえた。とっさのことで、開講式のときに作った私の作品と、研究会スタッフの作品といっしょに、仕事着の数点をそこに居あわせたドレス科の研究生に着せてみせた。その作品は、主として、日本の布、日本の柄、日本の色を用い、日本のきものの形式と構造を近代化したものが中心であった。先生は、眼光ケイケイ、鋭い目でみていたが、たいへんよろこんで、たとえば、作品の一つ、デニムの吊りスラックスをみて、これは、日本の人によく似合う、どうしてこういう仕事着を工場で着せないか……など、布地の値段からヤール数にいたるまで、矢つぎ早に質問され、

YOKO
21

I was delighted to find here a successful attempt at creating a good-looking working dress, something women of the whole world are looking for and do so rarely find.

Gratefully,
Gropius
August 1954

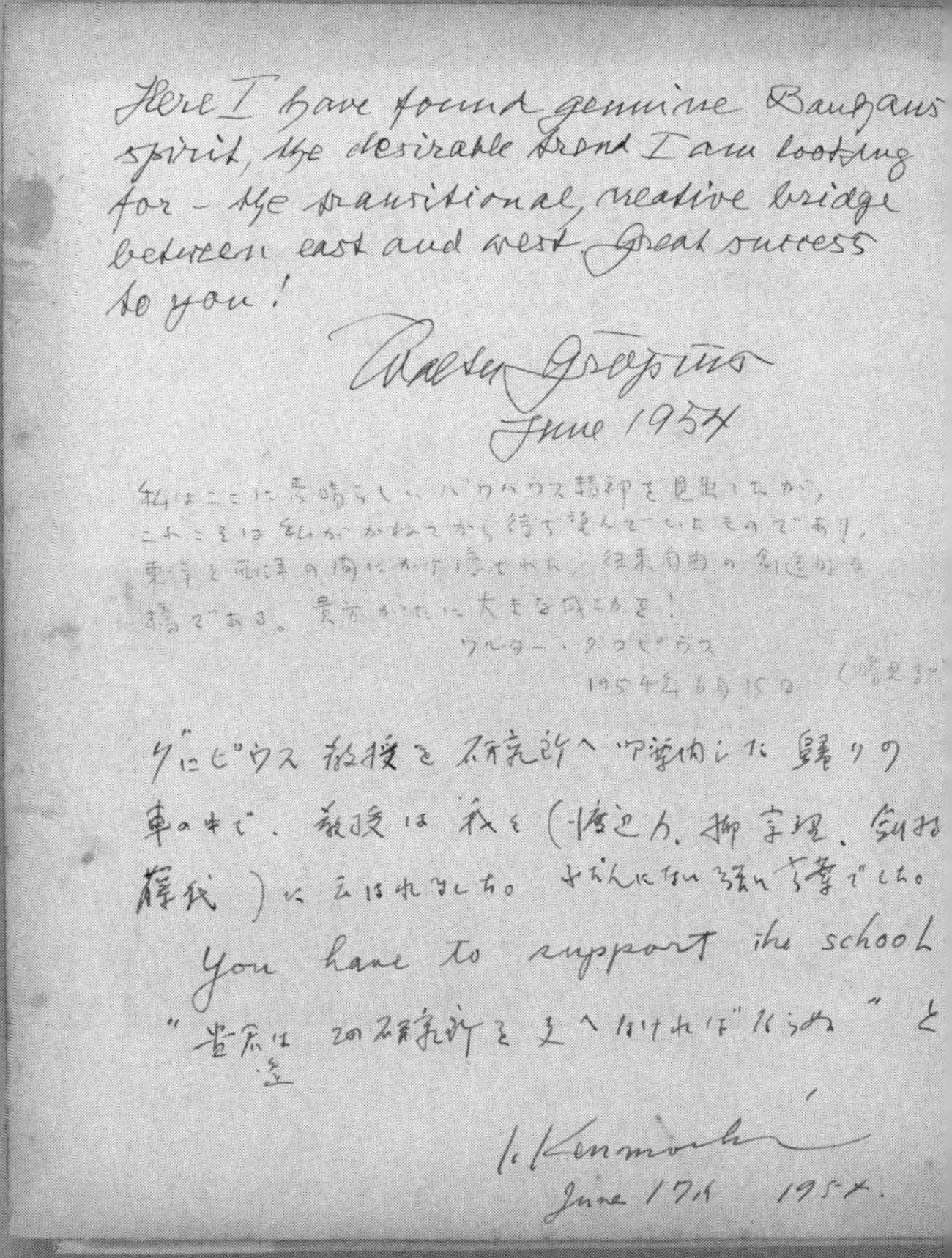
Here I have found genuine Bauhaus spirit, the desirable trend I am looking for – the transitional, creative bridge between east and west. Great success to you!

Walter Gropius
June 1954

私はここに素晴らしいバウハウス精神を見出したが、
これこそは私がかねてから待ち望んでいたものであり、
東洋と西洋の間にかけ渡された、往来自由の創造的な
橋である。貴方がたに大きな成功を！

ワルター・グロピウス

1954年6月15日　（晴見訳）

グロピウス教授を研究所へ御案内した帰りの
車の中で、教授は私を（渡辺力、柳宗理、剣持
勇氏）に云はれました。ふだんにない強い言葉でした。

You have to support the school

“貴方達は この研究所を支へなければならぬ”と

I. Kenmochi
June 17th 1954.

神之村 先生　英訳お願いします。　他に M.ブロックマン / エルンスト（カッセル） }を予定

親愛なるグロピウス教授夫妻

突然に、お手紙をさしあげる失礼を、お許しください。御夫妻には、お元気におすごしのことと存じます。最近、カウフマン氏賞を受賞なさったニュースに接し、心よりおよろこびいたします。

御夫妻には、1954年にお訪ねくださった桑沢デザインスクールを御記憶でしょうか？

1

私たちは、いまだに、その当時の感激を忘れ

4/12

ることができません。1954年という年はまた、私たちの学校が創立した記念すべき年でもありました。それから8年たちましたが、おそらく、御夫妻も御存知のK・清家氏、M・勝見氏、R・浜口氏など、多くの先生方と、若く活力に満ちた学生たちの力強い団結が実って、学校も発展いたしました。

別便で、桑沢デザインスクールの案内書および学生の制作によるグラフィック・デザインの仕事をお送りしました。現在、インダス

2

3

トリアル・デザイン，住宅・インテリアデザイン，パッケージ・デザイン，写真，グラフィック・デザイン，ドレス・デザインの各コースがあり，3年の課程です。この修業年限は，決して満足すべきものではありませんが，国家の経済的な援助のない日本の私立の学校では精一杯の年限なのです。

御夫妻の健康とデザイン界への貢献をお祈りいたします。

We wish you for your health & great contribution to design field

1962年　月　日

kuwasawa design studio

4

先生を尊敬する

桑沢デザインスクール校長

桑沢洋子

kuwasawa design studio

首からさげたライカでカラー写真をぐんぐんと撮った。はじめは、昼食を夫人とホテルでとる約束だから、ほんの三、四〇分とのことであったが、すっかり気に入られたのか、かえって、こちらが気になるほど、落ちついてしまった。そして、繰返し、「私の家内は、たいへんドレス・デザインに興味をもっています。今日いっしょに来られなかったことを、きっと残念がるでしょう。もう一度かならずいっしょにきます」といわれ、最後に、あらためて、戸外で写真を撮りたいからと、昼のお弁当もそこそこにモデルになった研究生たちをひっぱりだし、研究所のまえの材木置場のところでシャッターを切った。

先生は、その時次のようなメッセージを下さった。

私はここに素晴しいバウハウス精神を見出したが、これこそは私がかねてから待ちのぞんでいたものであり、東洋と西洋の間にかけ渡された、往来自由の創造的な橋である。あなた方に大きな成功を！

一九五四年六月

ワルター・グロピウス

そして先生の約束どおり、帰京も間近い八月二日、再度剣持氏を通じ、また、建築家の丹下健三夫人たちとともにイセ夫人が来所された。（このとき先生は、旅券の手続きその他がありみえなかった）

イセ夫人も、バウハウス運動および教授とともに長いあいだイバラの道を歩んできたよき協力者であるだけに、戦争で破れた日本のことを、故国ドイツのことと思いあわせ、力強くはげまして下さった。そして、その後私が作った数点の仕事着をみて次のようにおっしゃった。

「こちらにきてから、日本古来の伝統的な友禅や金襴どんすの美しいきものをみました。しかし、私のみるところでは、あれは、けっして日本の庶民のものとはおもわれません。第一、立派で美しくはあるけれども、あまりに高価すぎます。私が日本にきて最も美しいと思った婦人の服装は、野良で働いているモンペ姿の農夫でした。そのモンペは、だぶついてはいるけれども、日本の風土によく調和しておりました。私は労働する婦人の姿こそ、もっとも美しいものだとおもうのです。

今日ここで拝見した日本の縞や絣などは、むかしから日本の人たちが愛情をもって日常、どこででもつかっている庶民的なものときき、こうしたよいものは、これからもっと大切にされ、残す必要があるとおもいます。これらの作品は、材質といいデザインといい、このままニューヨークへもっていってもきっとアッピールするでしょう。

私は、自宅では女中をつかっておりません。したがってお勝手やお掃除をやると同時にお客さまの応対をするといったふうで、家庭の主婦といったものはどこの世界でも忙しいのです。あなたは、全世界の女性がいちばん望んでいる家庭着、労働着のデザインにおいて立派に成功しました。

ドレスのデザインにおいては、世界の人人は、中心地はパリだと考えている。鉄のカーテンのむこう、ソヴェトでさえも、モードの点では、目をパリにむけている。あなたのデザインは、鉄のカーテンをとおして、今後ぜひとも目をむけさせるところまでいってほしいと思います」と。

私は、この研究所は、たった一人でできるものとは思っていない。現在、望みうるデザイン界の最高スタッフの陣容をととのえてはいる。しかし、その真の成果は、まだまだ今後にのこされているのである。と同時に、グロピウス教授夫妻の、前述のドレスに対することばが、今後の、この研究所になされるデザイン全般の成果に対してのことばになることを望みたいのである。

『ふだん着のデザイナー』一九五七年

伊勢崎銘仙を使った遊び着のアンサンブル

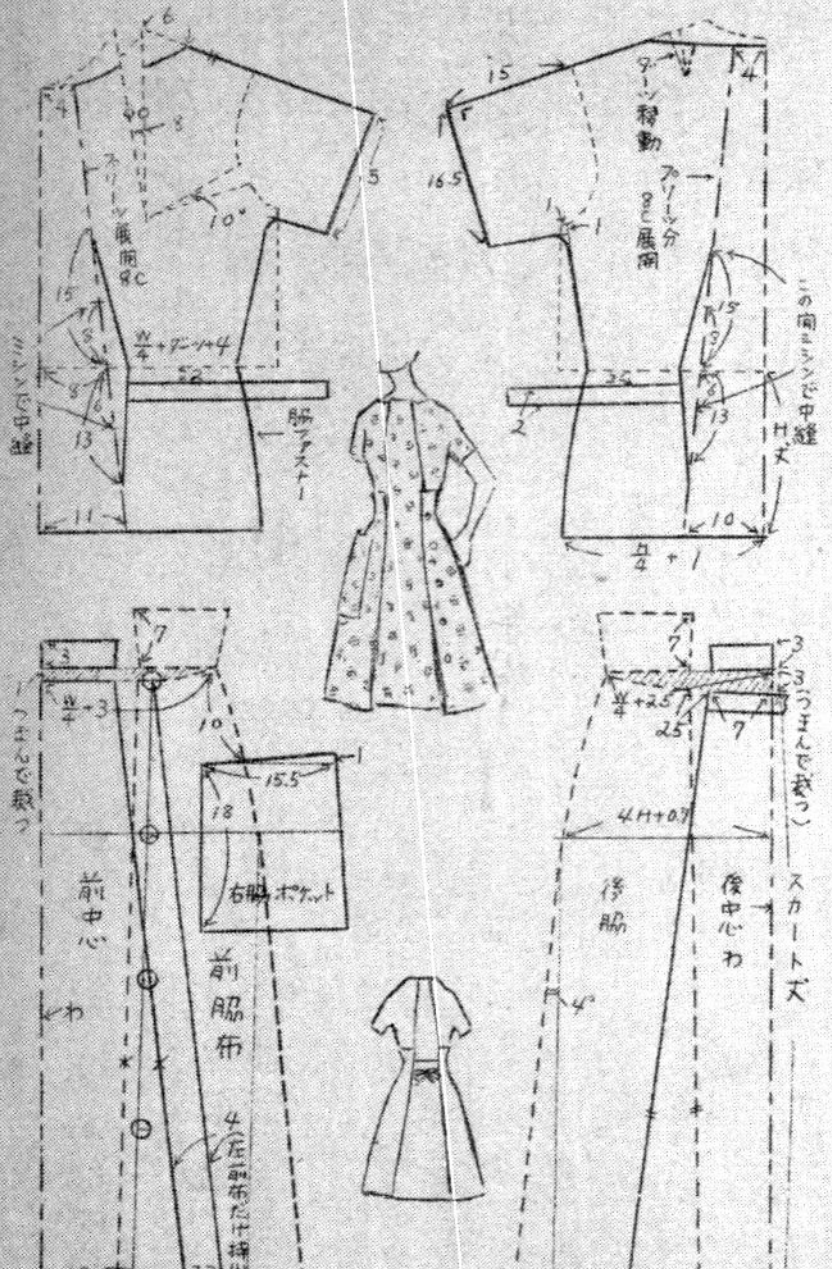

日本の美しいカスリの中から紺に白の七・五・三とよばれる柄で昔男の子の着物にしたような生地を選んで、ブラウスとスカート、ニーパンツのアンサンブルを作りました。生地の気分をそのまゝ生かすように直線的なデザインにしました。

3

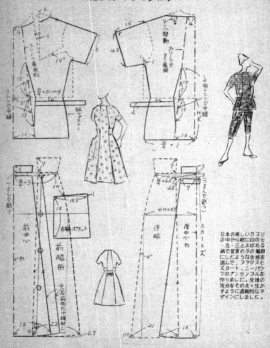

あのころ

正確な年代の記憶が全く駄目な私にとって、「あのころ」というテーマは、うってつけである。私の思い出は、五年を単位に、ひとくくりに記憶されているようで、ひどいときは、はじめの年の出来ごとが最後の年になっていたりすることもあって、まことにたよりないことである。

さて、これから述べる「あのころ」とは、今から四十年近く前からのことで、私が婦人画報の編集部員であった、昭和十二年頃から十七年頃までのあしかけ五年間のことである。

伊東茂平氏は、私を「仕事虫」といったが、婦人画報の五年間の仕事は、私を決定的に仕事虫にしてくれたのだ。婦人画報社は貧乏で小さかった。入社当時は、画報の編集部はたった五人だった。しかし、新しい、美しいものを捜し求める、自由な仕事で一杯だった。仕事はやればやるだけ、山ほどあった。何の束縛もないが、責任があった。私は夢中で仕事をした。

編集長の中村正人さんは、瓢きんな人で、部員の草野天平さんを相手に、狭い編集室の机の上から床まで、一ぱいに写真を並べて、中村さんは机の上に仁王だちになって、「どれにしようかなあ」と額に手をやってえらんでいる光景は、まさに漫画であった。先輩のお姉さんかぶの牧のぶ子さんは、一番若い熊井戸立雄さんとよく喧嘩していたが、お互いに口絵写真の仕事が多く、夜おそくまで、私と三人で仲よく助けあって仕事をしたものだった。川辺武彦さんは、隅っこのデスクで、ぽつんと一人で、「コドモノクニ」をやっていた。

入社してみて、改めて服飾頁の多いのに驚いた。牧さんは、和服と美容の担当で、花柳章太郎氏や花柳寿美さんの、和服の着こなしのインタビュウ原稿は素晴しかった。私はしぜんに、洋服の頁の担当になった。

亀倉雄策さんが毎年担当していた、海外ニュースのレイアウトは明快であったし、口絵写真の土門拳さんの作品も意欲的であった。二人はよく編集部に現われた。亀倉さんは人気者だった。土門さんが現れるときは、いつも自分の写真のトリミングについて、熊井戸氏にうるさく熱っぽく注文づけていた。田村茂さんは、野外のモード写真に凝っていた。今はアメリカで活躍している高井貞二さんの、あの当時の表紙の絵や夢のようにたのしい色刷のイラストは、婦人画報には欠かせないものであった。また、今は押しもおされもしない大家の鷹山宇一画伯が、カットや洋服製図を描いてくれていた。鷹山さんは難解な製図原稿を巧みに解いて、素早く美しくトレスしてくれるので、私はいつも感謝感激したものだった。

伊東茂平氏と田中千代さんは、婦人画報の専属のような執筆者だった。田中さん独自のデザイン原稿や伊東氏の「きものの構造」の連載原稿は貴重なものであった。また、伊東氏は、デザインの解説を、国方澄子さんや野田貴代さんのイラストで、連載してくれていた。今考えてみると、これがスタイル画のイラストレーションの始まりといえるようだ。口絵写真では、両氏の他に、街の一流洋装店や帽子専門店のデザインを載せた。なかでも、マリオンの越水金次氏の技術にはすっかりほれ込んだものだった。当時のこれらの高級洋装店の顧

YOKO
25

客は、いわゆる特権階級の宮家やお金持の令嬢や奥さんが多かったようだ。何々家の令嬢のイヴニングドレスの撮影に、玉じゃりの庭の奥深い大邸宅に、足を運んだものだった。「住宅」の記者をしていた時、土浦亀城氏の設計のモダン住宅もそうだったが、ほとんどが、女中何人という大邸宅ばかりだったことを思いあわせてみると、日本の生活文化は、明治、大正、昭和の半ばまでは、上流家庭から西欧文化がとり入れられてきたことを、実感として知ったのであった。

入社後、しばらくたってから、季刊誌、スタイルブック二冊の他に西欧のモードの引き写し的なやり方にあきたらず、日本の一流のデザイナーとカメラマンを動員して、日本のヴォーグを創ろうという意気込みで、総グラビア版の季刊誌「洋装シルエット」を創刊した。創刊号だったと思うが後にも先にもたった一度だけという、土門拳さんのモード写真が掲載された。また、日本のデザインのテーマで、絞りや絣やゆかた地の反物を使った松崎喜之助さんのデザインは素晴しかったし、田村茂さんの野外写真も美しく印象に残っている。

本誌では、藤田嗣治氏や吉田謙吉氏や故橋本徹郎氏などの芸術家を動員して、新しい婦人服のデザインを試作して、口絵頁を賑わしたこともあった。また、婦人の地位の向上、社会進出を主張する時代だったので、「働く婦人の服装」というテーマで、デザインしたものを工場、農村、オフィスなどで現場撮影して、意気をあげたものだった。また当時、民芸家の田中俊雄さんの「日本婦人の服装調査」は、調査表をつけての、半年がかりの真面目な研究的な計画であった。既製服礼賛の谷長二さんと意気投合したのも、この頃であった。

第二次世界大戦が始まった昭和十六年頃から、軍の情報部の目が光って、西欧的な思想や表現に対して、きびしく圧力をかけてきた。洋服の原稿もスカートを袴といい、ブラウスを中衣と呼び、前打合せを和服式にするなど、馬鹿ばかしい神経を使わなければならなかった。竹内篤さんは、私と入れちがいに入社してきた麗人であった。

あの頃は、美しくて新しくて都会的なもの、西欧的なものは、すべて贅沢な浮薄なものとされていた。そうしたなかで、婦人画報は、勇敢に、新しい美しいよい生活を、追いつづけてきたのだ。私は婦人画報を単に西欧のモード紹介誌だけの業績とはいいたくない。一方婦人画報はあの時代の低かった印刷技術を克服して、画家、写真家、グラフィックデザイナーの力を結集して、その頃、どこの雑誌もできなかった視覚的にすぐれた編集技術を生み出したといえる。いいなおせば、視覚伝達を目的にしたエディトリアルデザインの基礎がためを、婦人画報がやったといえるのではないだろうか。

「ファッション七十年史」（婦人画報臨時増刊） 一九七五年

下町っ子のデザイン思想

ついこのあいだ、街で三十代の、珍らしく大島をしゃきっと着た女性をみかけ、おもわずあしをとめた。瞬間、スポーティーなふだん着のぜいたくが目にさわやかだった。

大島といえば、きものの格からいって、どんなにぜいたくしても、しょせん、ふだん着であってよそゆきには昇格しない。だが、この人のように、人にみえをはるよそゆき着に高いお金をかけるというより、ふだん着に凝ってぜいたくする人にめぐりあうと、そのこころ根がうれしく、懐かしい気持さえする。

懐かしいといえば、私が生れて育ったのは東京・神田の洋服卸商人の家であった。小さい頃から父や母に、豪華な友禅よりはきりっとしたふだん着のお召や大島でぜいたくする値打ちをおしえられた。こうした思想は、一事が万事、神田っ子の生活にしみ込んでいる。だからみえをはる根性や、デレデレし媚び

YOKO
26

を売る装飾には、どうにも我慢がならない。それと女の子のくせに年上の子もふくめてのガキ大将でもあった。これは近所に男のいじめっ子がいて、弱い女の子をいじめることに義憤を感じてのことからであった。

昭和七年、女子美術を卒業した頃、バウハウスの機能面を強調した建築や家具・食器などをはじめてしった。よけいな装飾のない、しゃきっとした魅力はナマっぽく心をとらえた。それは、いまも生きている。

昭和十五年から数年の婦人画報の編集者時代、地方の人で布地も手に入らず、デザイン・仕立をたのむすべもない人たちのことを考えて通信販売を計画し、布地から製品までの、読者のためのサービスステーションを考えた。読者から、たとえアンゴラ・ウール一メートルの注文でも、自分で布地をきり、発送した。この企画は、会社の支持をあまりえられず、会社がやらないのなら……と、銀座に桑沢服装工房をつくって自分でやることにした。どこか啓蒙的なことや運動的なことをやらずにいられない性格があり、儲けるのはヘタだけれど商売が好きなのである。

現在、ドレスデザイナーとして、また桑沢デザイン工房の主宰者として、いくつかの会社や百貨店のデザイン・コンサルタントとしてやっているが、戦前・戦後を通じて終始やろうとしていることは、ほんとうに生活に必要な基本的なもののデザインであり、スタンダード商品であり、多くの人にきられる最大公約数のものの追求である。それを材料から最終製品まで、一貫してスジをとおしてやりたい。そして自分の考えたことが実際に製品になってじかに消費者に使ってもらい、その結果がどうであったのかナマの反応をつかみたいのである。しかし、悲しいことに日本の繊維産業の形からいってなかなかやらせてくれず、挫折の連続である。そして痛感することは、日本では〈ほんとうに基本的なものはいかに商品になりにくいか〉ということである。一方、中途半端な製品や商品に莫大な宣伝費をかけ、押しだされては消えてゆくことに我慢がならないのである。

宣伝といえば、最近、人間工学を宣伝の売りものにするのはいやなことだ。人間工学を基礎研究にとり入れて着やすいものや、豊富なサイズや、寝心地のよいベッドなどをデザインしつくることはあたりまえのことであって、いまさら人間工学をカンバンやキャッチフレーズにすることではないとおもう。

さて桑沢デザイン研究所が創立して早くも十二年めをむかえた。そして今年より東京造形大学という四年制、造形学部、デザイン学科・美術学科をもつ大学が新設スタートする。この大学については、私なりの理想と期待があるが紙数がたりない。それより私は、いつのまにか教育者になってしまった。正直のところ私は、いちども教育者になろうなどとおもったことはない。だいいち、長と名のつくものはきらいだし、主宰者であるよりまとめ役が好きだ。強いて教育にむすびつくところがあるとすれば、啓蒙的な性格や、スジをとおす性格や、直接人間に接してやらなくては気がすまない性格などだろうか。

初出掲載誌不詳　一九六六年

YOKO 27

逆引き図像解説

YOKO 1
仕事風景 18頁
荻窪の自宅兼アトリエでは、深夜から明け方までデザインや執筆をこなした。

YOKO 2
サンプルチェック 21頁
デザイン画を手元に、モデルが着た洋服をチェック。

YOKO 3
仕事机 24頁
原稿やデザイン画が山積みになった机。

YOKO 4
東京オリンピックユニフォームのデザイン画 28頁
一九六四年開催の東京オリンピックでは、競技役員など職員のユニフォームをデザインした。

YOKO 5
東京オリンピックユニホームの仮縫い 29頁
仮縫いにも立ち会い、デザインやサイズ調整を行った。

YOKO 6
指導風景 34頁
学生と笑顔で会話する姿。

YOKO 7
自画像 38頁
女子美術学校卒業と同時に絵画をやめる決意をし、作品はすべて燃やしたが、姉の助言でこの絵だけは残した。

YOKO 8
一九一九年頃の姉妹 42頁
後列左から次女・君子、三女・貞子、前列左から洋子、四女・かね子、六女・雪子。六人姉妹の五女だった。

YOKO 9
タバコを吸いながら 48頁
ずっと手放せなかった「ショートホープ」。

YOKO 10
川喜田煉七郎を囲んで 54頁
三〇年、建築家の川喜田煉七郎が銀座に設立した夜学の新建築工芸学院で同世代の生徒たちと。

YOKO 11
雑誌「住宅」三五年三月号に掲載のスケッチ 62頁
編集者デビューとなった記名原稿「最小限の台所に就いて」の挿絵。台所を細やかに実態調査した。

YOKO 12
出光興産のユニフォーム案 72頁
象牙色とブルーを合わせた夏服。企業や学校などのユニフォームを数多く手がけ、日本のユニフォームデザインの規範をつくりあげた。

YOKO 13
「KDニュース」 80頁
五〇年に発足したKD（桑沢ドレスメーカー）技術研究会の機関誌。最盛期の会員数は全国で500名に及んだ。

YOKO 14
自分用にデザインしたアンサンブル 86頁
雑誌「婦人画報」の編集者時代、街にも応接室にもオフィスにも似合う洋服をつくっては、着て歩いた。

YOKO 15
妹・雪子と 90頁
六〇年、桑沢デザイン工房にて。

YOKO 16
半袖ブラウスとスカート 94頁
洋服に和服の生地を積極的に取り入れた。

YOKO 17
ロングコートとパンツ 95頁
七四年、NDC秋冬モードショーに出品したもの。

YOKO 18
作品研究発表会のパンフレット 104頁
「五六年の新しいシルエット」と題して発表したデザインが掲載されている。

YOKO 19
桑沢デザイン研究所校舎の前で 116頁
五四年に港区青山に創立した校舎で学生たちと。校舎の設計は、建築家で画家の橋本徹郎が担当した

YOKO 20
創立時の学校案内表紙 120頁
表紙デザインはJALのロゴマークの原案をつくったといわれる宮桐四郎。

YOKO 21
バウハウスの創立者・グロピウス来所 124頁
研究所を創立してから間もなくして、来日中のグロピウスが、研究所と作品を見たいとやって来た。

YOKO 22
グロピウスのメッセージ 126頁
アルバム「桑沢デザイン研究所設立にあたって」に記されたメッセージ。左下は剣持勇が書いたもの。

YOKO 23
グロピウス夫婦へ宛てた手紙 128頁
六二年、グロピウス夫婦へ宛てた手紙の下書き。これを翻訳してもらうよう手配した。

YOKO 24
デザインした型紙図 134頁
「KDニュース27」に掲載された遊び着の型紙図。

YOKO 25
田村茂の壮行会 140頁
四三年、夫だったカメラマンの田村茂が陸軍報道班員としてビルマへ派遣されるため、開催した壮行会。

YOKO 26
パンツスタイルの洋子と着物姿の女性 148頁
女性のファッションの新旧を表現したような一枚。

YOKO 27
授業風景 152頁
「生活をよりよくする」ために研究所を創立した。

この人

桑澤洋子《くわさわようこ》

ファッションデザイナー（一九一〇～一九七七）

東京・神田にある洋服問屋に、六人姉妹の五女として生まれる。雑誌の編集者を経て、戦前から服飾デザイナーとして活躍。ふつうの人が「より良い生活」をするための実用に根ざしたデザイン観を生涯にわたって貫き、ユニフォームやふだん着を数多く手がけた。一九五四年に戦後初となるデザイン教育機関・桑沢デザイン研究所を創立。六六年には東京造形大学を創立し、戦後のデザイン教育を牽引した。著書に『ふだん着のデザイナー』（二〇〇四年　学校法人桑沢学園）など。

あの人

川喜田煉七郎・勝見勝・佐藤忠良

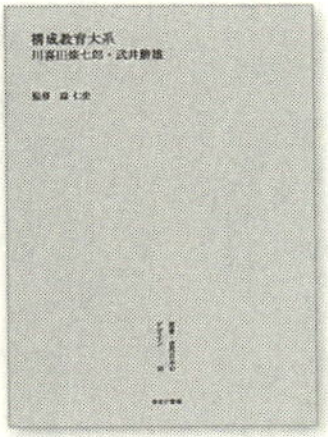

世界を広げた人

創立の支援者

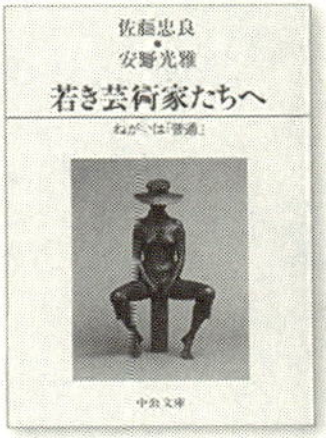

造形教育の友

『構成教育大系』
川喜田煉七郎・武井勝雄著（ゆまに書房）
川喜田は桑澤が通った「新建築工芸学院」を主宰した建築家。バウハウスの教育システムを日本流に解釈し直した本書は、桑澤が編集を手伝った。

『現代デザイン入門』
勝見勝著（SD選書）
桑沢デザイン研究所創立を支援したデザイン研究家による、19～20世紀前半までの近代デザインが誕生した100年間を総覧するデザイン入門書。

『若き芸術家たちへ　ねがいは「普通」』
佐藤忠良・安野光雅著（中公文庫）
桑澤の造形教育を継承して後進の育成に情熱を注いだ彫刻家・佐藤と、世界的な画家で絵本作家の安野がこれまで歩んできた道を語った対談。

●本書に収録した作品は以下を底本としました。
「デザインの世界に入るまで」「気がつかないこと」「石けん」「暮しかた」「あのころ」「下町っ子のデザイン思想」——『桑沢洋子随筆集 遺稿』（一九七九年 学校法人桑沢学園）
「銀座の住いと私の職業服」「K・D・S開講」——『ふだん着のデザイナー』（一九五七年 平凡社）

●参考文献

『ふつうをつくる』（二〇一八年 美術出版社）
『桑沢洋子 ふだん着のデザイナー展』（二〇〇七年 学校法人桑沢学園）
『桑沢洋子の服飾デザイン』（一九七七年 婦人画報社）

●表記は本書のルールに基づき一部変更し、適宜ルビを加えました。また、明らかな誤字・脱字は訂正しました。

●本文中では、著者の名字の漢字表記は原文どおりにしています。

●「くらしの形見」収録品

所蔵＝〔1、3、5〜8〕学校法人桑沢学園／〔2、4〕個人蔵

●図版クレジット

〔1〜3、8〜11、15、19、25、26〕個人蔵
〔4〜7、12〜14、16〜18、20〜24、27〕学校法人桑沢学園

MUJI BOOKS 人と物 10

桑澤洋子《くわさわようこ》

2019年7月1日 初版第1刷発行

著者 桑澤洋子

発行 株式会社良品計画
〒170-8424
東京都豊島区東池袋4-26-3
電話 0120-14-6404（お客様室）

企画・構成 株式会社良品計画、株式会社EDITHON

編集・デザイン 櫛田理、広本旅人、土田由佳、佐伯亮介

協力 学校法人桑沢学園、桑澤美代子

印刷製本 シナノ印刷株式会社

ISBN978-4-909098-20-7 C0195

MUJI BOOKS

ずっといい言葉と。

少しの言葉で、モノ本来のすがたを
伝えてきた無印良品は、生まれたときから
「素」となる言葉を大事にしてきました。

人類最古のメディアである書物は、
くらしの発見やヒントを記録した
「素の言葉」の宝庫です。

古今東西から長く読み継がれてきた本をあつめて、
MUJI BOOKSでは「ずっといい言葉」とともに
本のあるくらしを提案します。